心が3℃温まる本当にあった物語

三枝理枝子

PHP文庫

○本表紙図柄＝ロゼッタ・ストーン（大英博物館蔵）
○本表紙デザイン＋紋章＝上田晃郷

あなたの心の温度は、
いま何度ですか？

心に温度なんてあるの？

そんな声が聞こえてきそうですが、
少し考えてみましょう。

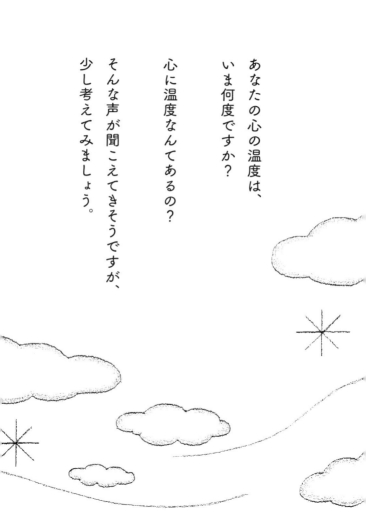

体の平熱は、
だいたい36℃くらい。

体温が、平熱よりも1℃上がると、
免疫力がおよそ6倍にもなるそうです。

反対に、体温が1℃下がってしまうと、
免疫力は6割ほどに……。
様々な体の不調を引き起こします。

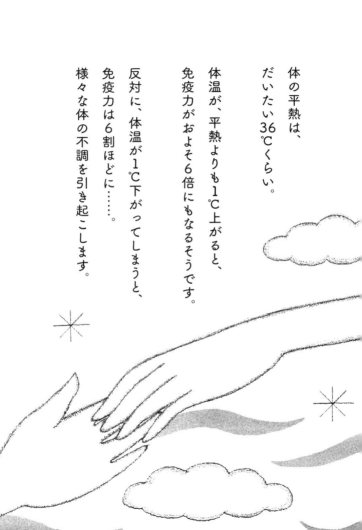

もしかしたら、
心も同じなのかもしれません。

あなたの心が少し疲れているのなら、
それは、平熱よりも
温度が低くなっているからかも。

心の温度を3℃上げることで、
あなたが元気に楽しく
毎日を過ごせますように——。

はじめに

今、心の温度が冷めてしまっている人が多くなっているように感じます。人間関係が希薄になって、スマホと会話をし、好きな情報を好きなときに入手し、好きなことだけして自分のペースで毎日を過ごす。

悪いことではないのでしょうが、それが行き過ぎているようにも思えます。他人《ひと》と関わることを面倒くさいと感じてしまう。

ひと昔前では恥ずかしいとされていた、エゴを人前で見せるような行為も、今ではどこへ行っても当たり前のように見受けられる世の中になってしまいました。

他人のエゴを見たり感じたりすると、心の温度が冷めてゆくものです。ましてや自分自身のエゴだったら言わずもがなですね。

反対に、日常に疲れて乾いてしまった心を癒すには、「人のぬくもり」を感じることがとても大切です。

熱は伝播《でんぱ》するものです。

本書は、人間が本来持っている温かさを、日常のエピソードから感じていただき、皆さんの心の癒しのきっかけになればという気持ちを込めて書きました。

現在私は、CS（カスタマーサティスファクション：顧客満足）コンサルタントとして、日本全国の様々な企業やたくさんの人々にお会いしています。

その際には必ず「最近何か感動したことありませんか？　嬉しかったことありませんか？」とお聞きするようにしています。

良いことを共有すること。自分自身の行為が他人との関わり合いを通して意味を成すこと。そして結果的にその企業が良くなること。

それが、その人の幸せに繋がると信じているからです。

ここに書かれているストーリーは、すべて実話です。私が実際にお話を聞いて、心が温かくなり、ほっこりしたショートストーリーをご紹介いたしました。決して特別な話ではないけれど、皆さんの身近にあること。でも大切なことだなあ。自分も忘れているかもしれないなあ。そんな反省と気付きを込めて書きました。

この本はすぐに読めてしまう本かもしれません。効果的に読んでいただくためのアドバイスといたしまして、できれば、「こんなとき自分だったらどうするかな？」と追体験をしてみて情景・心情をじっくり味わってみると良いかと思います。一日一話、寝る前に、大好物の美味《おい》しいデザートを少し頑張るような気持ちで味わってみてください。

そうすれば、「やっぱり人っていいなあ～」「人生って捨てたもんじゃないないな～」と、まるで心のスポンジに水が沁《し》み込んでいくような感覚になり、明日の自分への活力につなげていただけるのではないかと思います。

心の温度を上げるためには、自分の心の感度を上げること。

感度を上げる練習は、他人の気持ちを想像してみることです。

他人の気持ちになってみて、他人を自分と同じように大切に想う。

そんなことができると心が幸せな気持ちで満ちてくると思います。

この物語の数々が皆さんの心の栄養になれば幸せです。

心が3℃温まる
本当にあった物語

目次

STORY 1

一口だけで

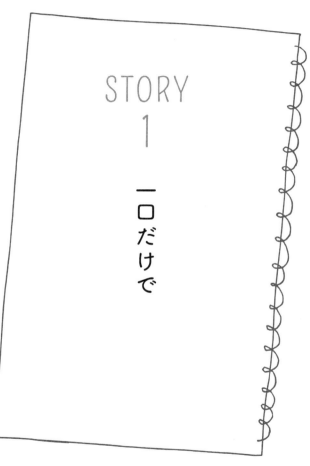

季節は冬、地方の病院に勤めるドクターの話です。

ある日、そのドクターがメロンを抱えて看護室に入って来ました。

「ねえ、ねえ、冬場にメロンって珍しくない？　看護師さん、冷やしておいてくれないかな。頼むね。後でみんなで一緒に食べよう！」

そう言って、外来に出かけて行きました。

お昼休みになると、

「そろそろいいかな？　さっきのメロン切ってくれない？　お願い！」

と、手の空いている看護師さんに頼みました。

「はい。どうぞ。熟《う》れていて食べ頃ですね」

「美味しそう」

座って食べるのかと思っていると、そのドクターは切り分けたメロンの一番美味しい真ん中のところをスッと切って、別のお皿に載せ、部屋からそそくさといなくなってしまいました。

「あら？　どこにいらしたのかしら」

「変ですね」

そう言って一人の看護師さんがドクターの後をついていくと、病棟のある部屋に入っていきました。

ここはもともと二人部屋でしたが、現在は重症の患者さんが一人で横たわっていました。

「どう、調子は？　少しは楽になったかな？」

少し前に痛み止めの注射をしたので、苦しんではいませんでした。

「『この前、口から食事するとしたら何食べたい？』って聞いたでしょう。覚えているかな？」

「メロン」

その患者さんは、力のない声でしたが、たしかにそう応えたのです。

「じゃーん。もってきたよ！　冬だからさ、捜すのが大変だったんだ〜。さあどうぞ」

既にチューブでのお食事に切りかえていましたから、口からは食事できません。

しかし唇にメロンを当てると、

「いい香り……」

唇をペロッとなめると、

「う〜ん。やっぱり美味しい」

メロンの少しばかりの汁をすすると、目を閉じて、感触を楽しんでいました。

「人間、食べられなくなったらおしまい。先生。でも……」

そこまで言うと言葉に詰まり黙ってしまいました。

少し沈黙が続いた後、患者さんがボソッと、

「先生がここまでしてくださるんですもの。私、あきらめません」

かよわいながら、その声ははっきりと聞こえました。

「よかった、よかった。頑張《がんば》っているもんね！」

手を取って、握手して励ます姿を見て、看護師は思わず、胸が熱くなったそうです。

帰り際、様子を見ていたこの看護師にドクターは、

「実はさぁ、僕の母親が亡くなる一日前に食べたいものを聞くとね、『大好きな柿が食べたい』って言ってね。

春だったから、柿を探してもどこにもなくて、とうとう食べさせてあげられなくってさ。ずっと気がかりになっていたんだ。

せめて、最後に食べさせてあげたかったなーって。

あの患者さんが『メロンが食べたい』と言うので、今ここで動かなきゃってて思って取り寄せたんだよ。喜んでくれて本当によかった、よかった」

春先の柿、冬場のメロン――。

実はこのドクター、一度、この病院から出ようと思ったことがありました。

深夜勤務、重労働ならいくらでも耐えよう、患者さんのために頑張ろうと思っていたのですが、地方の病院にこのまま居続けたら、最先端の医療からも置いていかれてしまうのではないかと、今後の進むべき道を考えていたのです。

「ここは私の居場所じゃない。もっとどこかに私が活躍できる舞台がある」

「私のことを必要としてくれるところがあるはずだ。そもそも私はここに来たくはなかった」

そんなことを思って、この病院を飛び出そうとしていました。

しかし、毎回長い時間、診療の順番を待って、自分を頼りに受診している患者さんたちから、

「ありがとうございます。先生と会うと、痛みが和《やわ》らぐんだよね。不思議だね」

と声をかけられ、考え直し、気持ちが吹っ切れたのでした。

「今、この瞬間を、〝今・ここ〟を大事にしなくてはならない。自分が人としてできることを精一杯やりきろう」

それからこのドクターは、誰よりも患者さんに寄り添うことで有名な、大人気ドクターになったのです。

message

NOWHERE

どこで切るかで意味が違いますね。

NO WHERE / NOW HERE

どこにもない。私の生きる道はここじゃない。
どこかに別の道があるはず。
そう思うことも多いでしょう。
でも〝今・ここ〟こそが自分の人生です。
同じもの、同じ景色、同じ人生を見ていても、
見ている本人の心次第で意味が変わってきます。

STORY 2

伝えたかった言葉

結婚が決まり、家を出て行く前日には、父親に向かって正座をして、三つ指ついてお辞儀をして、

「お父さん、お世話になりました。今まで育ててくれてありがとうございました。幸せになります」

と、昔ながらに感謝の気持ちを伝えようと、小さい頃から心に決めていました。


その日は日曜日。

父はいつもの日課である庭の掃《は》き掃除を終え、掃き清められた庭を静かに見ていました。周囲に母も妹もいません。

「今がチャンス」

覚悟して父に挨拶《あいさつ》をする絶好のときでした。

勇気を出して、

「お父さん」

と、声をかけました。

「……」

無口な父は黙ってこちらを向きました。

「……」

そのとき急に、今まで大事にしてきた日常を崩したくないという思いに駆られたのです。

「紅葉がきれいね～」

「ああ……そうだね」

タイミングがつかめないまま、どうしても恥ずかしく、気まずく、日常会話を始めてしまいました。

そのときは、一緒にお茶を飲んでさりげない会話で終わりました。

その日の夕方、テレビを見ている父に、再度思い切って声をかけました。

「お父さん、今いいですか？」

そして私は、父の顔もあまり見ずに、

「お世話になりました！　明日、結婚式ですが、ちょくちょく戻ってくるので、これからもよろしくお願いします」

床にすべての指をつけてきちんとお辞儀をするでもなく、指先をちょこっとつけて、膝だけついて、「ちょくちょく戻って来ます」と笑顔でごまかしてしまいました。

本当は大好きだった父に別れを告げるのが寂しくて寂しくて、前の日から涙が止まらず、どうしても素直になれなかったのです。

それでも、けじめはけじめ。人生の大事な節目として、26年間育ててもらったお礼を、礼儀正しく厳《おごそ》かに、父に伝えなくてはならなかったのです。

想い描いていたようにできなかった大切な挨拶。

今、改めて考えてみると、寂しくて悲しくって言えなかったなどというのは言い訳にすぎません。

父は昔から礼儀作法を重んじる人でしたから、ほんの少し寂しい顔をしたのを今でも覚えています。

「ちゃんと挨拶しなさい」

と、ただすことはしませんでしたが、嫁ぐ娘への寂しさ以外に、本当はそう思っていたに違いありません。

嫁いでから4年目の春、父は62歳という若さで突然この世を去ってしまいました。

父の荷物を整理していると何冊もの日記が出てきました。

日記には私のことばかり書かれていました。

なかでも、祝いごとのときに私が口にした言葉は、ひとつ残らず書き留められていたのです。

ページをめくっていくと、あの嫁ぐ前の日の私の挨拶の言葉が。

「あ、あのときのことだわ。なんであのときちゃんと感謝の気持ちを伝えなかったのかな……」

と、後悔の念が湧き上がりました。

すると、そこには、

【嫁ぐ前の日】

「お父さん、長い間大変お世話になりました。

明日私は結婚いたします。

今まで育ててくれて本当にありがとうございました。幸せになります」

(子供のころはにかみながら「パパ好き」と言っていた顔と同じ顔!!)


と、感謝の気持ちを伝える言葉が書かれていました。

涙が溢《あふ》れて止まりませんでした。


父は私の声なき心の声をちゃんと聴いてくれていたようです。

父はその後、このことについて何も言いませんでした。

「あのとき父はどんな思いだったのだろうか」

だからこそ私の胸には申し訳ない気持ちが残っていて、後悔を続けていました。


でも父には伝わっていた。

「ありがとう。ちゃんとわかってくれていたんですね。私はとても幸せです。

あなたの子供で良かった」

message

「感謝」という言葉は、
〝感じたことを、言葉にして人の心を射る〟と書きます。
これからどれだけ人の心に感謝を届け、
人を豊かな気持ちにすることができるでしょうか。
勇気と素直さをもって、近くにいる人、
大事な人に感謝の言葉を。
今、伝えられるときに、しっかりと伝えておく。
長くなくても良い。格好よくなくても良い。
日常でも真心のこもった自分の「言葉」と
「感謝の気持ち」を人の心に贈りたいですね。

STORY 3

人知れず

温泉旅館でのことです。旅館に到着して、早速、お風呂に行きました。

そこで見かけた美しい光景。

なんと小学校低学年であろう女の子が、脱ぎっぱなしで散乱しているみんなの草履《ぞうり》をきちんと揃《そろ》えているのです。

その子も浴衣《ゆかた》を着ているので、お客さんの一人であることがわかりました。

恐らくもう既にお風呂に入ったのでしょう。髪は濡れていて頬もほんのり赤味がさしていました。

小さな身体、小さな手で30足以上はあるであろう草履を、黙々と並べているのです。

驚かせないように小さな声で、思わず話しかけました。

「こんにちは」

「あ、こんにちは」

と、女の子はきょとんとした顔で軽く頭を下げました。

「偉いわねー。みんなの草履を揃えているの？」

「はい」

「お母さんは？」

「今、あっちで髪の毛を乾かしています」

「そうなの？　いい子ね」

懸命に手を動かしている姿が無性にかわいいのです。

乱れている草履は気になるものですが、自分の草履は揃えても、なかなか他の人の分まで揃えたりはしません。

「係の人が揃えればいいし、手が汚れる……」

私はずっとそう思っていたのです。

しかしこの小さな女の子は、黙って一人で揃えているのです。私は自分が恥ずかしくなりました。

しばらくその背中を見ていたら、私も手伝いたくなりました。

「おばちゃんも手伝うわね！」

と、一緒に草履を揃えました。

「はい。できた。とっても偉いわ。学校とかでもやっているの？」

「たまに……」

「そう。偉いわね。どうして揃えようって思ったの？」

「え〜。昔、おばあちゃんに『自分の分だけでなくて、人の分まで揃えるのが、人間なんだよ』と教えてもらったから」

大人が好き勝手に脱いだ草履を、人知れず、粛々《しゅくしゅく》と当たり前のように整頓《せいとん》する姿に胸を打たれました。

草履をきれいに揃え終わったあと、一緒に手を洗いました。

彼女の歩き方はトコトコとしていて幼く、まだ小さいのにと改めて感心しました。

私は女の子の母親と話してみたくなりました。

「お母様ですか？」

髪を乾かし、櫛《くし》でとかしているその子の母親に、

「いいお子さんですね。みんなの草履を揃えていましたよ」

と思わず声をかけました。

「え、ありがとうございます」

「なかなか大人でもできないことだから。どうしつけられているのですか？」

と、聞いてみました。

「私の母が、娘が小さい頃から言ってたんです。**『人の見えるところで何か善きことをするのもいいけれど、誰も見ていなくても人が喜ぶことができる人になりなさいね』**と。

それでだと思います。おばあちゃん子でしたから。たぶん、そのおかげです」

「そうなんですね。まだ小さいのにしっかりしていて、これからが楽しみですね」

「いえいえ。当たり前のことです」

message

『お天道様《てんとうさま》が見ているよ』

そんな言葉がありました。

人知れず何か善きことをすると、

自分の魂が歓びます。

STORY 4

あったかい足湯

「せっかくなので、温泉にお入りになりませんか。車いすでお風呂まで行って、男性スタッフがお手伝いさせていただきますから。

ぜひ、いかがですか?」

車いすでお泊りになったお客様にそう声をかけました。

「どうもありがとう。大丈夫です。温泉に入れないのは残念ですが、元々そのつもりで来ていますのでご心配なく。慣れていますから」

「そうですか……」

5年前、交通事故で腰を痛めてしまい、車いす生活になってしまった50代のお父様と奥様、そして2人の娘さんの4人でご旅行にいらしてくださったときのことです。長女の大学生活最後の春休みの想い出にと、ご旅行にいらしてくださいました。

「ご心配くださりありがとう。記念にと思って一緒に来ましたので、私は温泉に入れなくてもいいんですよ。みんなが楽しんでくれれば」

そう笑顔でお応えになるお顔は、やはり少しだけ寂しそうでした。

「かしこまりました。何かございましたら何なりとお申し付けください」

そうご挨拶して部屋を出ました。


（お父様やっぱり寂しそう……。

何かできることはないだろうか？

本当にこのままでいいのかな？

きっとまだできることがあるはず……遠方はるばる温泉地まで来て温泉に入れないなんて……。


そうだ！）

「温泉の湯をポリタンクに入れて部屋の浴室で足湯をしてもらうのはどうだろうか！」


心の中で案が浮かびました。

「よろしければ、お部屋で足湯のご用意をさせていただきますが……ぜひ、少しでもお入りいただけないでしょうか？」

と勇気を出して伺《うかが》ってみました。

すると、

「えっ！　いいんですか？　お手間とらせます。ありがとうございます。ではお言葉に甘えさせていただきます。本当は昔から大の温泉好きでしてね！」

了承していただき、足湯を楽しんでいただけることになりました。

「さあ、みんな手伝って。冷めないように」

「はい。早く、早く」

旅館の仲間と協力して、大浴場からお湯を運びました。

大きめのたらいを用意し、

「どうぞ、足湯です。温まりますよ～」

「ありがとうございます。実は5年ぶりの温泉です。やっぱり気持ちいいな～」

目を閉じて、温泉を堪能《たんのう》してくださるお客様を見ていて、あきらめないでよかったと思いました。

「足だけでもポカポカしてきましたよ。温泉の匂いも味わえた。私まで……」

お父様はニコニコしながらもグッと涙を堪《こら》えていらっしゃいました。

「よかったね。父さん」

娘さんたちもとても嬉しそうでした。

「お休み前も持ってまいりますね。よろしければ明日の朝もいかがですか？」

「ありがとう。お忙しいでしょうし、大丈夫ですよ。これで充分」

「いえいえ、よろしければそうさせてください。私達、お湯を楽しんでいただきたいんです」

「それでは、お言葉に甘えてあと1回だけ。寝る前に、皆さんの仕事が一段落したらで結構ですので。

私は何時でも構いませんから。お手数おかけしますね。

本当に気持ち良かった！」

「かしこまりました。喜んで。それでは後ほど声をかけさせていただきます」

お休み前に同じように二度目の足湯をご用意させていただくと、

「二度と入れないと思っていました。生きててよかった～。皆さん本当にありがとう」


涙ぐんでいらっしゃいました。

こちらこそ、喜んでいらっしゃるお姿を拝見し、幸せな気持ちになりました。

ご出発の際には何度も何度も頭を下げて、

「また必ず来ます。ありがとうございました」

と、ニコニコ顔でお帰りになりました。

message

「何かできないかな?」
相手の心に想いを馳《は》せる。
「どうしたら相手を笑顔にできるかな?
喜んでもらえるかな?」
思いを巡らせ、行動に移すこと。
また一つ灯火を輝かすことができました。
ありがとうの言葉が私の温泉かな。

STORY 5

特別な……

私の母は若い頃に難聴になり、両耳の聴力がないまま私達二人の姉妹を育ててくれました。

母を心配させたくなかったので、2歳年下の妹と私は物心ついたときから、いつも母の前では笑顔でいるように密《ひそ》かに約束し、そう努めていました。

「言葉は聞こえないけれど、笑顔の私達を見れば私達が学校で楽しかったのがわかるよね。お母さん心配しないよね」

子供ながらに母を少しでも喜ばせたくて、いつもそうしていました。


あるとき、学校から帰るのを玄関で待っていてくれた母が開口一番、

「大丈夫だった？」

と、聞いたのです。

「え？　お母さん、なんのこと？」

心は動揺していましたが、いつもの笑顔で返しました。

母は心配そうに私の顔を見て、近寄って来て、黙って頭をなでてくれました。

我慢していた涙が、こらえきれずポロポロこぼれてしまいました。

先に帰っていた妹も心配そうに私を見ています。

「おねえさん、なんかあったの？」

妹が心配そうに訊いてきました。

「ちょっと友達と喧嘩《けんか》しただけだよ。大丈夫。大丈夫」

と手を振って、おちゃらけてみました。


本当は。

同級生に母親のことをからかわれて、悔《くや》しくなって友達を押し倒してしまったのです。

同級生も自分が悪かったと謝ってくれて事なきを得たのですが、私はとても嫌な気持ちでした。

母は寂しそうに、

「ごめんね～。お母さんはね。耳が聞こえない分、2人の心の言葉はよーく聴こえてるんだよ。つらかったね」

と、涙を流し始めました。こんなことは初めてです。

妹も悲しくなったのでしょう。つられて泣き出してしまいました。

3人で声を出して泣きました。

周りなんて気にしないで、思いっきり泣きました。

そうしているうちに、なんだか急におかしくなってきて、今度は3人でケラケラ笑いました。

もし誰かが見ていたら、変な家族と思ったでしょう。

やっぱり泣くより笑顔でいる方が、自分も周りも幸せになります。

母は何でもわかっていたのです。

つくり笑顔のときも、心から楽しい笑顔のときも。

「母は凄いな」

と、いつも思います。


母の耳はとうとう治りませんでした。

私は今、看護部長として働いています。

看護師になったのは、母のように病気で困っている人の助けを、少しでもしたい、心の言葉を聴きたいと思ったからです。

患者様からも部下たちからも、

「笑顔が素敵ですね！」

と言ってもらえるのも、長年続けた笑顔の習慣のおかげです。

患者様にもご家族にも喜んでいただくたびに思うのです。

「ありがとう、お母さん」

message

家族とは言葉にしなくても心が通じ合う存在です。

特に母親はそういう人。

居てくれるだけでいい。

見守ってくれるだけでいい。

頭をなでてくれたらとっても嬉しくなる。

そんな特別な存在です。

STORY 6

のりしろ

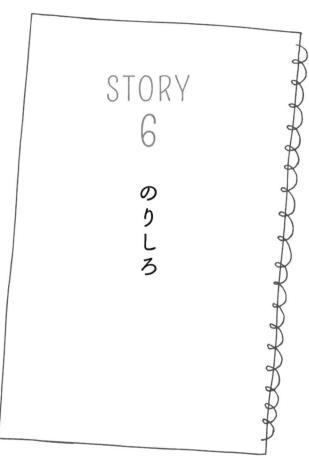

「おはよう。今日も暑くなりそうだね。いってらっしゃい」

早朝から元気な声が聞こえてきます。

道路を隔《へだ》てて、目の前の家に住むおじさんの声。

定年退職してから毎日欠かさず、庭の水遣《みずや》りと、行きかう人々への声かけを続けられています。

初めは小さな声で、

「おはようございます……」

と返していた学生たちも、今では
「今日、試合なんすよ。頑張ってきます!」

と挨拶だけでなく、言葉も返すようになってきました。


おじさんの家と我が家は道路を隔てて真向かいにあり、おじさんの家の玄関の真正面に我が家のリビングが位置しています。

朝、リビングの雨戸《あまど》を開けると、

「おはようございます」

と元気に声をかけてくれます。

引っ越して来た当時、寝坊した朝は、「なんだか何時に起きているかまで見られているようでちょっと嫌だわ」と思ったこともありました。

しかし今では、旅行などでおじさんが不在だと、「今日はどうしたのかな？」と、気が抜けたような、朝が始まらないような気持ちになるほど、日常の風景になっています。

春には桜の花びらを掃き清め、夏に打ち水をかかさない。

秋には落ち葉を掃き、冬は雪かきと、朝から忙しそうに掃除をしてから朝食をとるのがおじさんの日課です。

実は、引っ越してから半年間は気がつかずにいたことがあります。

この朝の日課の掃き掃除に、実はおじさんの心遣いが隠されていました。

自分の家の前だけ掃除するのではなくて、まさに向こう三軒両隣、見えないところで掃除をしてくださるのです。

そしてそこには、思いやりの心があるのです。

すべてやりきってしまって相手の重荷になってはいけないのでと、あえて半分くらいだけにとどめているのでした。

またこんなこともありました。

共働きでなかなか水遣りがままならない夏場のこと。

夕方、家に帰ると、庭の土が湿っている。

「あら、今日、雨降ったかしら……」

気づかずにいましたが、実は共働きをしていて帰りが遅い私たちのことを思い、おじさんがホースを使って、さりげなくこちらの庭木の水遣りまでしてくれていたのです。

謙虚に行われるこのさりげない心遣いを知ったご近所は、同じように自分のところだけでなく、自然と両隣を気遣うようになっていきました。

そして驚いたことにその動きは徐々に町内で広がっていきました。

あちらこちらで声かけと笑顔が響く、温かい街。

message

自分のところだけ、きれいにすればいい。
自分の持ち分だけをやっていればいい。
「無関心」「無愛想」が当たり前の今の世の中で、
相手を愛で想い、相手を生かす。
相手の面子《めんつ》をつぶさず、自分も気持ちよく、相手も気持ちよくなる。
そうしているうちに「のりしろ」が自然と強く繋がってきます。
「のりしろ」。
「ここからここ」と、境界線を引いて壁をつくるのではなく、
あいまいさ、重なりを大事にするそんな文化を、
私たち日本人は持っています。
そしてそれが目に見えない「つながり」「絆」となっていきます。
皆さんも自分の身近な人たちとの「のりしろ」を少し意識して
生きてみてはいかがでしょうか？

STORY 7

88歳の天使

電車で出会ったおばあさんの話です。

その日は、遅めの出勤で10時を過ぎていましたので、電車は比較的空いていました。

お年を召したおばあさんが、品川から電車に乗り込んできました。

「どうぞ」

座っていた私は、おばあさんに声をかけました。

「いいの、いいの。大丈夫」

おばあさんはそうおっしゃいましたが、

「いえいえ、どうぞ」と私が立ち上がると、

「ありがとう。すまないね」

と、お座りになりました。

おばあさんは、そう重くはなさそうですが、大きな布のバックを膝の上に抱えていました。

ですが、

「荷物持つよ？」

パソコンの入った見るからに重そうな荷物を持っていた私に声をかけてくれました。

「大丈夫です。ありがとうございます」

そう答えると、

「私ね、何歳だと思います？」

その方が突然話しかけてきました。

優しそうな顔つき、お年は召しているようですが、歩き方はしっかりなさっていて、話し方もハキハキされている。

「そうですね。お元気そうなので70歳くらいですか？」

と伺うと、

「88歳よ！」

びっくりする答えが返ってきました。

「まあ、お若いですね。しっかりしていらして」

「今でもまだ働いているのよ。今、帰り」

「え？　働いていらっしゃるんですか？　すごいですね」

「そう。人間、働かなくなったらおしまいだよ。

背中が曲がっていないのは動いているから。

小魚や納豆食べてカルシウムをとっているからよ。

あなたも毎日食べなさいよ」

そうアドバイスしてくれました。

確かに髪は白いものの、背中はまっすぐで、足早に乗り込んでいらっしゃいました。

「私ね、掃除婦やってるの。今、仕事帰り。朝方早い時間から掃除しないと間に合わないからね。4時起きで土日以外は掃除しているのよ」

「お仕事しているから若々しいんですね。88歳とは本当にびっくりしました」

「娘はいたけどね、今は遠くに行ってしまったわ。一人で誰も頼らず暮らすには健康が一番よ。背中が曲がってしまってはダメ。あなたも小魚食べなさいね。これ怪しいものじゃないから、よかったら食べてね」


そういって、私のカバンの中に飴と栄養ドリンクを入れてくれました。

「ありがとうございます」

大事に持ち歩いているのに悪いのではと思いながらも、ニコニコ顔でくださっているので、遠慮なく頂戴《ちょうだい》しました。

「人間、腰が曲がったら、動けなくなるから。そうならないように、身体を動かしているんだよ」

そう教えてくれました。

品川から東京までのほんの短い時間でしたが、思わぬところで88歳でも元気にお仕事を続けている方に出会い、お話ができて、とても励まされました。

「ありがとうございます。おばあさんもお元気で。健康でお仕事続けてください。お会いできて嬉しかったです」

そう伝えました。

「私もよ。また会いたいね」

ニコニコ顔で、まだ話したそうでしたが、お礼を言ってお別れしました。

おばあさんの心からにじみ出る笑顔を見て、私までニコニコ笑顔になっていました。


そのとき、おばあさんの顔がふと天使のように見えました。

ホームに降りると不思議と涙がこぼれてきました。

感激の涙なのか、一人暮らしの寂しさを思ってなのか、なぜ涙が溢れたのかわからないまま泣いていました。

今思うと、電車で一緒になっただけの見ず知らずのおばあさんの優しい気持ち、おばあさんの生き方に一瞬でも触れることができた喜びに、感動したのだと思います。

家に帰るとあることに気がつきました。

家に飾ってある天使の人形の顔が、今日会ったおばあさんの顔にそっくりだったのです。

瓜二つ。

88歳のおばあさんの顔が天使のように見えた理由がわかりました。

不思議な出来事でした。

あれから一度も再会していません。

会えないとわかっていても、品川駅ではさりげなくおばあさんを探してしまうのです。

message

一期一会《いちごいちえ》。

一生に出会える人は限られている。

長く付き合う人。ほんの一瞬だけの人。

でもそれぞれが自分の人生の宝物であり、

自分の作品への共演者。

STORY 8

私の家族です

ある日本の電機メーカーの、中国工場での話です。

一人の中国人女性が、工場長に抜擢《ばってき》されました。

その工場は、それまで生産性が上がらず、不振な状態が続いていました。閉鎖になるという話まで持ち上がっていたほどです。

しかし、彼女が工場長になって1年過ぎたころから、驚くほどの成果が出始めました。そして、なんと2年目には、すべての工場の中で一番の成長率をあげることができたのです。

めざましい成果を出したので、成績優秀者の一人として、彼女は東京に呼ばれ、表彰されることになりました。

表彰式が終わり、一人ひとりスピーチをすることになりました。

当然、たった1年半で結果を出した彼女に注目が集まります。

「どんな画期的なことをしたのだろうか。参考にしたい。真似したい」

他の工場長は、きっと特別なコツがあるはずだと、熱心に聞き入っていました。

しかしながら、特段目新しい話は出てきません。

会場に集まった工場長たちは、「なんだ〜」といういささか拍子抜けした雰《ふん》囲気《いき》に包まれていました。

そんな空気の中、最後に彼女が毅然《きぜん》としてこんなことを言ったのです。

「最後にお伝えします。

私は皆さんが絶対していないことで、毎日やり続けていることがあります。

それは、朝の声かけです。

工場の一人ひとり、作業者全員に毎日欠かさず、挨拶をして、声をかけています」

そう言ってスピーチを終えました。

「それがどうした？」「そんなこと？」

「普通じゃないの？」「期待外れだったな……」

そんな声も聞こえ、しらけた空気が流れました。

そんな中、一人の役員が「これは絶対、何かあるはずだ」と思い、彼女の工場を訪ねることにしたのです。

彼は、行ってみて驚きました。

その工場では、「こんにちは（ニーハオ）」と、朝の挨拶をかけ合っていますし、笑顔も絶えません。他の工場では、作業者たちが明るく楽しそうに働いている姿は見られなかったのですが、ここは違ったのです。

工場長の部屋に案内されてさらに驚きました。

壁一面に作業者たち一人ひとりの名前と写真が貼ってあり、その下には鈴なりに付箋《ふせん》が何重にも貼られていたからです。

一枚いちまいを見てみると、部下たちの家庭状況、家族の様子が事細かく書かれていました。

「5人家族。お母さんが病気で苦しんでいる」

「子供が右足をけがしている」

「誕生日は4月7日」

「ご主人は大工さんで今、出稼ぎに出ている」

「家からの通勤時間は自転車で2時間もかかっている」

「お酒が好き。肉は食べない」


彼女は毎朝挨拶をしながら、一人ひとりの話を聞いて、丁寧にメモをとっていたのです。

工場長としてというよりも、仲間の一人として部下に興味と関心を抱き、対話をしていました。

この付箋は日々、増え続けています。

「すごいね～」

と声を掛けると、

「いえいえ、当たり前のことしかしていません。もっともっとみんなのことを知りたいんです」

そう目を輝かして答えていました。

そして写真とメモを見ながら、

「これは私の家族です」

彼女は胸を張って大きな声で言いました。

これを聞いた役員は、

「あ～そういうことだったんだな。自分は仲間や部下のことにどれだけ関心があるのだろう？」

と、しみじみ感じたそうです。

message

どれだけ自分のことを見てくれているか、
上司が自分に関心、興味を持ってくれているのか、
それがわかったときの歓びはひとしおです。
「お母さんは元気にしている?」と尋ねられるだけで、
「自分の家族のことまで覚えていてくれたんだ」
と嬉しくなるものです。

自分のことを知ってくれている。応援してくれている。

そんな人がいてくれるだけで、ありがたいですね。

「ありがとう」の反対は、「あたりまえ」。

当たり前に思うことも、ありがたいと思えるか。

それが心を豊かにするヒントです。

STORY 9

近しい心遣い

東京で働く35歳、私の職場の同僚の若者の話です。

彼の実家は滋賀県にあり、聞くところによると、帰省するのは5年に一度くらいのペース。

それも日帰りだそうです。

ご両親は家業で農業をしているので、泊りがけで出てくることもままならず、上京することもめったになく、家族との行き来がほとんどない日々を送っていました。

仕事で関西まで行っても、そのまま東京にとんぼ帰りということが続いていました。

その彼が友人との約束もあり、久しぶりに帰省することを知りました。

「ずいぶんと帰っていなかったのでしょう？　ご両親喜ばれるわね。お母様の手料理、たくさん食べてきてね」

食生活が乱れていて少しやせ気味な彼に、そう声をかけました。

すると、思ってもない言葉が返ってきたのです。

「あ、はい。でもいつも突然帰ることにしているんです」

「え？　どういうこと」

「両親は農業をやっていて、いつも朝早くから夜遅くまで働いているので、前もって帰るって言うと、なんだかんだって慣れないことさせてしまってペース乱しちゃいますし、食事も用意したりして面倒かけるから、いいんです」

「え？　そうかな？　先に教えてくれたら絶対嬉しいはずだと思うけど。美味しいご飯だって食べさせたいですよ。親心として……」

「いいんですよ。そういう家なんで」

そうはっきりと言われてしまいました。


母親を思えばこそ、突然帰る。

「親の気持ちもわからないで……」

と思いましたが、よくよく考えると、

「これは彼の優しさなんだ。愛情表現なんだ」

ということに気づきました。

今回も彼は一泊もしないで、半日実家で過ごして東京に戻ってきました。


次の週のある日の夕方、ミーティング中に彼の携帯が鳴りました。

「どうぞ」

私は声をかけました。

「すいません」

そう言って廊下に出て行きました。なんとなくいつもと違うそわそわ感が漂《ただよ》っていました。

「どうしたの？　大丈夫？」

「いや……」

「どなた？」

「いや、母親なんですけど……」

「どうしたの？」

「いや、今日突然、東京に出てきていて、

『今から築地でお寿司食べるんだけど一緒に食べられないかな？』って」

「いいじゃない。ぜひ行ってあげてください。この続きは明日にしましょう」

そう言ったのですが、

「やらなきゃいけないことがこんなにあるのに無理に決まっているじゃないですか。もう断ったから大丈夫です」

「え～ダメでしょう。きっと、何か話したいことがあっていらしているのだから……」

おせっかいでしたが、私はそう食い下がりました。

「今から行っても遅くなるし、帰りの電車切符はとっているのかな？　夜行バスとか言っていたけど、あの年にはきついから」

お母様も事前に知らせると迷惑がかかると思って、会えない確率の方が高いのに、突然電話していらしたのです。

「よくわからない」

正直にそう思いました。

しかしまたよくよく考えてみたのです。すると、なんだか今まで味わったことのない親子の粋《いき》な温かみを感じたのです。

親子には、いろいろな思いやりの形があるのですね。

次の日に聞いたこと。

彼が遅くに家に帰ると、玄関のドアのところに築地で買った彼の好物の穴子寿司が置いてあったそうです。

「おかえりなさい。元気でね。またくるね」の小さなメモと共に。

直接的ではない、間接的な親子愛、私には想像もつかない親子の思いやりが溢れていました。

message

相手を思いやるとは一体どういうことなのか？

親は子供のために何かをしてあげたいし、
子供も親が喜ぶことをしたい。

それが実を結ばなくても、無駄になってしまうことでも
相手のために進んで行える。

親子って、思いやりの原点に溢れていますね。

STORY 10

許せる心

長崎からの帰り道、飛行機でのことです。

若い女性が慌《あわ》てて客室乗務員に尋ねました。

「すみません。今、東京行きってアナウンスが聞こえたのですが、何かの間違いですよね」

「お客様、この飛行機は東京行きでございますが……」

乗務員は、顔色一つ変えずに答えました。

「え、本当ですか？　私、名古屋に行きたいんですけれど、これは名古屋行きではないのですか？」

（え？　どうしたの）

前の席に座っていた私は、思わず声のする方を振り返りました。すると、20代前半の若い女性が、今にも泣き出しそうな表情で乗務員と話していました。

顔色がみるみるうちに青ざめていくのがわかりました。

「名古屋行きじゃないんですね」

「はい。こちらは名古屋行きではございません。東京行きです。名古屋にいらっしゃるのでしたら、羽田からは……」

と、乗務員が東京から名古屋に行くための交通手段を話し始めました。

「とんでもない。間に合いませんから！　一体どうなっているの？」

小さな声をふりしぼりながら、必死に伝えています。

女性客は、「名古屋行きを一席」とカウンターで伝えてチケットを購入した旨を、声を震わせながら話していました。

「私も確認しませんでしたけれど、これって地上係員の方のミスですよね」

(間違えて乗ってしまったのかしら。大変だわ)

私も不安になり、その女性のことが心配になってきました。

確かにこの便は、羽田空港行き。

カウンターでも飛行機の入り口でも、はっきり言われたことを思い出していました。

しかしこの女性は、航空券売り場、搭乗口《とうじょう》、地上のアナウンスでも気がつかず、通り抜けて東京行きの機内まで乗り込んでしまったのです。

(何かの間違い？　ともかく間違いなら飛行機もドアが閉まったばかりで、ボーディングブリッジもついているし、早く降ろしてあげればいいのに……)

まだこの時点では、飛行機はドアが閉まったばかりで、駐機場から動いていませんでした。

私は内心焦《あせ》り、

(早く、早く)

と、心で念じていました。

しかし対応していた客室乗務員は、あくまでも「もうドアが閉まっているから無理です」という姿勢を崩しません。

飛行機はまだ動きません。

滑走路が混んでいるのか、駐機場に待機したままです。

「私、名古屋行きってちゃんと言いました。なのに何で、東京行きに案内されたんですか。

降ろしてください。親友が今日、名古屋で結婚式をするんです。だから絶対名古屋に行かないといけないんです！」

対応していた客室乗務員は新米と見えて、オロオロしながらやっと、

「お待ちください」

そう言って、責任者がいる前方に急ぎ足で向かいました。

この間に、とうとう飛行機は動き出していました。

「お待たせいたしました。恐れ入りますが、もう一度ここまでの事情をお聞かせいただけますでしょうか」

飛行機が動き出してしまったというのに、事情がまだわかっていないらし

く、焦りもせず淡々と事情を聞き出すチーフパーサーの呑気《のんき》さに、周囲の乗客もイライラし始めていました。

しかし乗客の中で、口を挟む人も怒りの感情を出す人もいませんでした。

「ですから、名古屋に行きたいと言って、チケットを買って、搭乗券をもらって、今ここにいるんです。東京行きだなんてアナウンスも全く耳に入らなかったんです」

何度目かもわからない説明をしていると、

「そうでございましたか。大変申し訳ありませんが、しばしお待ちください」

チーフパーサーは小走りで前方に行き、何やら通信機器を使った後、彼女の元へ戻って来ました。

「申し訳ありませんでした。ただ今から引き返し、名古屋行きに乗っていただく手筈《てはず》をとります。

ご心配をおかけして申し訳ございません。名古屋行きにはなんとか間に合いますので、ご安心ください」

なんと滑走路近くまで来ていた飛行機が駐機場に戻り始めました。

「お客様にご案内いたします。大変申し訳ございません。お客様の中で飛行機を降りられる方がいらっしゃいます。お急ぎのところ大変申し訳ありませんが、この飛行機は駐機場まで戻り、再度、出発いたします。ご迷惑をおかけいたしますがご協力のほどよろしくお願いいたします」

機長が判断したのでしょう。アナウンスがありました。

乗客から一瞬、少しばかりのざわめきはありましたが、混乱にはなりませんでした。

幸い一本通路の小型の飛行機でしたから、なんとなく他の乗客にも状況がわかったのだと思います。

「もっと早く、飛行機が動き出す前に乗務員がしっかりと対応していたら、こんなに時間を無駄にしなかったのに」

私以外にも、少しばかりイライラしていた人もいましたが、文句を言う人はいませんでした。

「まずはこの女性が降りて名古屋に向かえてよかった」

私は胸をなでおろしました。

駐機場に着き、ドアが開くと、

「皆さん、すみません」

かぼそい声でお辞儀をペコペコしながら通路を歩き、一番前のドアのところまで足早に進み出ました。


「気をつけてね！」

「今度は間違えないで！」

怒りの声ではなく、そんな温かい声が聞こえてきました。

ことの真相はわかりませんが、乗客全員を巻き込んでしまった、あってはならないケアレスミスです。

乗客の中にはビジネスで一刻を争っている人もいたでしょう。仕事に影響が出る人だけでなく、誰でも人為的なミスによる遅れは許しがたいものです。

しかし、誰も彼女を責めませんでした。

message

「日本人ってやっぱり、あったかいな」
「困っているときこそお互い様」
「自分さえ良ければ良い」の発想ではなくて、
助け合いの精神です。
犠牲バント、犠牲フライ。
弱いから犠牲になるのでしょうか。
違います。
強いからこそ犠牲になれるのです。
自分の利ばかり追い求めるのではなくて、たとえ自分が
損になったとしても他者を許し、他者のために何か我慢したり、
力を貸したりできるのは、美しく強い生き方です。

STORY 11

見えないところで

いつも配達してくれる郵便局のおじさんは、明るく元気に挨拶してくれます。

「おじいちゃん、最近見かけないけど元気？」

「今日は風が強いから気をつけてね」

「雨が強いから今日は手紙運んできましたよ」

ポストに入れるのではなくて、雨の日はわざわざ玄関まで持ってきてくれる優しいおじさんです。


ある日のこと、このおじさんが書留を持ってきてくれました。

「いつもありがとうございます。書留です！　印鑑お願いします」

「だいぶ寒くなって来たね、みんな風邪ひいていませんか」

また優しい声かけとともに、郵便物を運んでくれました。

判を押して書留をもらい、

「いつもご苦労様です。お気をつけて」

とお礼を言うと、

「いつもご利用ありがとうございます」

と、元気に挨拶して玄関のドアを閉めました。

我が家には玄関の横に小窓があり、そこから玄関の外側が見えるのですが、いつも雨の中でも大変な仕事ねと、ふと覗《のぞ》いてみると……。

先ほどの郵便局のおじさんがドアを閉めた後、こちらに向かって深々とお辞儀している姿を見かけました。

「誰も見ていないのに……」

対面したときの礼儀正しさや気さくなお話、笑顔だけでなく、見えないところでもお辞儀をしている姿を見て、

「ここまでやるんだ。すごいなおじさん」

と思い、私も窓の内側から心をこめて、見えないお辞儀をしました。

それからというもの。

そのおじさんが届けてくれたときはいつも、小窓を覗き、見えないお辞儀をすることが私の楽しみになりました。

人が見ていようがいまいが関係ない。

こんなことが自然にできる人って格好いいな。

message

電話での通話も言葉だけではなく、
その話している姿勢や態度、
そして心も実は伝わっているものです。

見せかけだけの優しさ、礼儀正しさではなく、
見られていないときにこそ、何ができるか。

おじさんは誰のためにあんな清々《すがすが》しい表情で
お辞儀をしていたのでしょう?

STORY 12

雨音のお見送り

長い間ご用命いただいている金融機関での新入研修が、本年も無事に終わりました。

今年は例年の場所とは違い、初めて大阪で開催されました。

大阪には何度も来ていますが、「よく来る人でも迷うわかりにくい場所」と聞いていたので、行きは前泊したホテルからタクシーで向かいました。

無事に研修を終え、帰りのことです。その日は雨が降っていました。

「駅まで迷われるかもしれませんので、お車をご用意します。ご案内します。雨が降っていますから」

担当の方がご親切にそう言ってくださいましたが、

「帰るだけですから大丈夫ですよ。道順も教えていただきましたので、ご心配なく。のんびりぶらぶら帰りますので。

それよりどうぞ新入社員の方のところに行ってさしあげてください」

そうお断りして、お礼を言って研修所を出ました。

一階ロビーの端にある応接スペースで、身支度を整えて、教えていただいた道を歩いていきました。

目印通り、迷うことなくたどり着いた地下道の入り口で、

「あ、ここが地下街の入り口だわ、迷わず来れてよかった」

そうホッと一息ついて、下りのエスカレーターに乗ろうとしたときのことです。

「先生！　よかったです。迷われていないかと思い、追いかけて来たんですが、お会いできず戻ってきたところです」

反対側の上りのエスカレーターから、担当の方が息を切らせて足早に上がってきました。

「まあ……、ありがとうございます。ロビーの隅で身支度を整えていた間に、お先にいらしたのですね。かえってお手間とらせてしまいましたね。すみませ

ん。お会いできてよかった」

「行き違いにならなくてよかったです」

と、嬉しそうに笑ってくださいました。

特に何か話をするわけでもなく、静かに5分間は歩いていました。

「ありがとうございます。もう大丈夫ですよ。お気持ちだけで」

「いやいや、本当にすみません。改札口までわかりにくいですから、送らせてください」

そう言ってくださったので、お言葉に甘えてお見送りしていただくことにしました。

改札口が見えて来たので、

「もう大丈夫です。こちらですね」

「はい」

「ありがとうございました。助かりました。ではここで失礼します」

とお伝えすると、

「最後までお見送りさせてください」

と、律義《りちぎ》に私の姿が見えなくなるまで見送ってくださいました。

「ありがとうございました」


追いかけてきてくださった気持ちが嬉しかった。

最後まで見送ってくださる気持ちが嬉しかった。

残心。

お別れしてからもその優しさ、誠実さ、心遣いが伝わり、心に残っていました。

message

「出迎え3歩、見送り7歩」という言葉があります。

出会った瞬間、大げさに出迎えられて感激しても、
帰るときは知らんぷりされて寂しい気持ちになった
こともあると思います。

最初の印象以上に、最後の印象は心にグッと
残るものですね。

ほんの少しの優しさ、想いは伝播していく。

別れ際の優しさは特に心地いいものです。

STORY 13

2回目の披露宴

ある結婚式場でのことです。

まだ20代後半の若いご夫婦が来場されました。

新婦のお腹が大きいことに気づいたブライダルプランナーは、

「よく来たね。パパとママを連れてきてくれてありがとう」

と、新婦のお腹をさすり、3人を歓迎しました。

不安そうだった新婦は急に笑顔になり、この1回目の来場で、結婚式と披露宴をこの会場で行うことを決めました。


3度目の打ち合わせで列席者の話になったときのことです。

新郎がボソッと周囲に聞こえるか聞こえないかの小さな声で、

「母さんにも来てもらいたいよな～」と言ったのです。

「お母様ですか？」

プランナーは、そのボソッと言った一言を聞き逃しませんでした。

暫《しばら》くの沈黙の後、

「実は――僕が保育園に入る前に両親が離婚して、私は父親に、弟は母に引き取られまして……。

弟とは、大人になってから何度か会っているんですが、父に『母とは絶対会うんじゃない！』と言われ続けてきたので、あれから母には1度も会っていません。

……でもやっぱりいいです。育ての母にもとても良くしてもらってきたから、他の人に会ったりしたら、お互い嫌な気持ちになるし。やっぱりいいです。すみません。変なこと言っちゃって。このことはいいんです。忘れてください！」

プランナーは、このときの新郎の少し寂しそうな顔を見逃していませんでした。

いよいよ、当日を迎えました。

新郎新婦が思い描いたとおりの、いやそれ以上の式と披露宴が無事に行われました。

新婦の体調も良く、スタッフも一安心。

披露宴が終わり、プランナーが新郎新婦に声をかけました。


「お疲れのところ申し訳ありません。実はお二人にお願いがあります」

「え？　何ですか？」

「以前1度お聞かせいただいたお母様のことなのですが、私どもで弟さんと相談して、実は今日お母様をお呼びしているんです。

一目だけでも披露宴を見ていただこうと別室を用意したのですが、他の方に会ってしまったら、折角のお祝いの日に息子やお嫁さんに迷惑をかけることになるからと遠慮なさり、パーティーが終わる少し前にいらしてくださいました。

これから会っていただけるのですが、よろしいでしょうか。

ご列席の方がたには特別なお写真を撮っていますと、既にお伝えしていますのでご安心ください」

「え？　母が今、ここにいるんですか？　本当に？」

「さあ、先ほどの披露宴会場に戻りましょう」

「ありがとうございます。なんだか気が動転してよくわかりませんが、ありがとうございます！」


先ほどの披露宴会場の入り口に二人が立ちました。

音楽とともに、スタッフがドアを開けます。

会場には、遠慮がちに一番後ろのテーブルに座っている小柄な白髪交じりの女性と、若い男性がいました。広い会場にたった二人だけです。

お母様は次から次に流れる涙を拭《ふ》きながらも、目はしっかり二人を見ています。

「お母さん……」

「ごめんね。ごめんね。……結婚おめでとう」

「お母さん。今日は来てくれて本当にありがとう。本当はお母さんに一番見てもらいたかった」

そしてこう続けました。

「お母さん、僕を産んでくれて本当にありがとう。なかなか言えなくてごめんなさい」

感極まり、涙ながらにお母様に感謝の言葉を言った新郎に、駆けつけてきたスタッフが大きな拍手を送りました。

喜びの涙を流しながら、お二人はしばらく抱き合っていました。

そこに居合わせた誰もが、満面の笑みと大粒の涙のプレゼントをもらったのです。

message

人の喜びを自分のものとして喜べる。

自分の喜びだけでなく、
人の喜びも自分のものとして喜んでしまう。

喜べば喜ぶほど、またたくさんの喜びを
人生は連れてきてくれるようです。

思い切り人を祝福しましょう。

大きな拍手を贈りましょう。

STORY 14

おすそ分け

我が家には、広くはありませんが、玄関わきに庭があり、季節の花を植えてその美しさを楽しんでいます。

寒さが厳しい2月のこと。私が庭の手入れをしていると、

「すみません。こんにちは」

突然、声をかけられました。手をとめてお顔を拝見すると、首にタオルをかけたジャージ姿のご夫婦の旦那さんがいらっしゃいました。

「突然すみません。この先に住む者ですが」

「こんにちは」

私も挨拶を返しました。

「あの～失礼ですが～。毎年この時期に咲いている紫の花、今年はまだ咲かないんでしょうか？

外から眺めさせてもらっていて、とてもきれいだねって、いつも楽しみしていたんです」

「あ、植木鉢の紫の花ですね？」

「そうです、そうです！　ジョギングを続けているんですが、妻がここを通るたびに楽しみしていて……。

　でも今年はまだ見かけないので、枯れてしまったのかな～と心配していました。

　お姿をお見かけしたので声をかけさせていただきました。すみません」

「いいんですよ。楽しみにしてくださっていた方がいらしたなんて、嬉しいです。ありがとうございます。

　ここのところ寒さが続いていたので玄関先に入れてあるんです。よかったらこちらです。どうぞ」

　その花は玄関の中に置いて、寒さをしのいでいました。

「こちらですね」

「あ、そうです。花、咲いていますね」

「まあきれいだわ」

奥様が喜びの声を上げられました。

「こんなに愛《め》でてくださっている方がいらしたのですね。

この季節には珍しいですよね。もしよかったら同じ鉢植えがありますから、これを持って行ってください」

「え？　いいんですか。なかなかお花屋さんに行ってもないですよね」

「どうぞ、どうぞ。重いですけれどよろしければお持ちください」

「なんだかすみません。ありがとうございます」

「私も、時々お二人が歩いていらっしゃるのを拝見していました。ご縁ができてよかったです」

「なんかすみません。ずうずうしくて。申し訳ないです」

「まだありますから。喜んでいただけて嬉しいです」

「それではお言葉に甘えて頂戴します。大事に育てますね」

「寒さだけ気をつけてくだされば、強いですから大丈夫ですよ」

そう言って、植木鉢を持ちやすいようにしてお渡ししました。

「ご丁寧にありがとうございます」

そう、お二人で深々と頭を下げられました。

門までお送りすると旦那さんに、

「奥様は何の花がお好きなのですか？」と聞かれました。

「私ですか？　そうですね、私は紫陽花《あじさい》が好きですね」

「そうですか。いいですね〜」

お二人は大事そうに植木鉢を抱えてお帰りになりました。


その4か月後。

「すみません。失礼いたします」

玄関のベルが鳴り、男性の声が聞こえました。

慌てて出て行くと、なんと以前のご夫婦でした。

「あら、ご無沙汰《ぶさた》しています。お元気でしたか」

「こんにちは。だいぶ遅くなってしまって。ご無沙汰しております。その節は大変ありがとうございました」


胸にはなんと、今まで見たこともないような真っ青な紫陽花が。


「紫陽花がお好きと伺っていたので。だいぶ時間がたってしまいましたが、よろしければ家で育てた紫陽花です。お分けしたくて持ってきました」

濃い真っ青な紫陽花を持って来てくださったのです。

「わあ、きれい。こんな深い色は今まで見たことがありません。きれいですね。ありがとうございます」

「喜んでいただけて良かった」

「かえってすみません。本当にきれいだわ。ありがとうございます」
遠慮なく頂戴し、毎年この紫陽花の美しさを楽しんでいます。

花には人工ではつくり出せない色香があります。
懸命に咲いている花や花びらは私達に何を語りかけているのでしょうか。
花の美しさにのせて、想いが届いて、心が躍《おど》りました。

message

借りたら返す。
人生において「貸」をどれだけたくさんできるか。
人に借りてばかりでなくて、
貸しの多い人生を過ごすことで
自分の人生が豊かになるばかりか、
後代までもその豊かさは続くと言われています。
「感謝報恩《ほうおん》」
受けた恩には感謝し返していく。
不思議なご縁が深まります。

STORY 15

躊躇しないで

小学校5年生まで住んでいた家の近くに母子寮があり、その隣には公園がありました。高台にある眺めのいい公園で、散歩コースや子供が楽しめる遊具もありました。

利用者が多く、活気もあり、母親と幼い子供達もよく遊んでいました。

私はほぼ毎日、学校が終わると、家にカバンだけ置いて、すぐに公園に向かい、暗くなるまで遊んでいました。

私が小学校2年生のときのこと。

同級生と鬼ごっこをして遊んでいると、頭に白いヘッドギアをつけた、まだ小学生にはなっていないであろう、身体の細い男の子が友達と公園に来ました。

その子は母子寮に住んでいて、今までも何度か母親と一緒にいるところを見かけたことがありました。

きっと何かの病気なのでしょう。

まっすぐに歩くことすらできませんでした。

芝生に座り、たまに回ってくるボールを受け取っては転がし、

「キャーキャー」

と言いながら楽しんでいました。

私たちはその子にぶつからないように、少し気を遣いながら鬼ごっこを続けていました。

気がつくと、そろそろ日が落ちそうな夕暮れどきになっていました。

ふと見るとさっきの男の子が、友達が帰ってしまったのか一人ぼっちになっていて、何度か転びながら、ヨタヨタと家に戻ろうとしていました。

私は友達とサッカーをしながらも、

「大丈夫かな？」

「どうしよう。肩を貸してあげた方がいいよね」

「何かしないと。声をかけたい」

と思っていました。

でも行動に移せず、見守るだけ。

「おーい何やっているんだよ。早く」
サッカーをやっている数人の友達は男の子に全く気づいていないのか、構わずに大声で私を呼んでいます。

声をかけることもできない。
肩を貸すこともできない。
手を差し伸べることもできない私がいました。
何も出来ないでいると、同じ寮に住む仲間の小学生が駆け寄って来ました。
そして、

「大丈夫か？　ごめんな。気がつかないで」

そう言いながら肩を貸して一緒に帰っていきました。
男の子は無言で頷《うなず》きながら必死に歩いていました。

「あ〜よかった」

5分程のことだったと思いますが、私にはとてもとても長い時間に感じられました。

目の前にいる人が何度も倒れているのに何もできない不甲斐ない自分。

必死に歩いているから、手を貸すことが本当に良いことなのか？ と躊躇《ちゅうちょ》している自分がいました。

子供ながらに不親切、不誠実な人間だったと情けなく思いました。

今、私は医師として働いています。

なぜ医師を目指したのか。このときの経験があったからです。

すぐに行動して目の前で倒れている人を救えなかった自分。

「あのとき、声がかけられていたらな……。躊躇しない人間になりたいなあ」

あれから何度も何度も、そう思い続けてきました。

だからこそ、医学の知識を身につけて、自信をもって、勇気を出して、恥ずかしがらず目の前の人を助けてあげられる人になる。

そう思って医学の道に進んでいます。

今、私は躊躇することなく、とっさに言えるようになっていると思います。

「大丈夫かな？　何でも私に言ってくださいね。一緒に頑張りましょう」

message

その一言が言えなくて、その一歩が踏み出せなくて
苦しい思いをした経験は誰にでもあるでしょう。
相手を思いやるだけではなく、
実際手を差し伸べることができるか、
優しい声かけができるか。
そこには思惑《おもわく》を外した、思い切りが必要です。
困っている人に、すっと手を差し伸べられる。
さりげなく、自然にできるかどうかは、
常日頃の生き方が写し出されるものですね。

STORY 16

はだしのアンカー

毎年盛り上がる体育祭。

皆が楽しみにしているのは、A組からD組までの4クラス対抗リレー。中学1年から高校3年まで合同で、クラス別に競い合う体育祭のフィナーレです。

通常は各クラスの中で一番足の速い一人が選ばれて、計6人が練習をして臨むことになっているこの競技。

中学1年生が一番初めに走り、学年順に走って、最後は高校3年生の出番。クライマックスで体育祭が最高に盛り上がります。

自分もバスケットボール部で鍛えているので足には自信がある方ですが、この3年間選ばれたことはありません。それくらいレベルが高いのです。

この競技の得点は非常に高く、毎年このリレーで勝敗が決まることになっています。

それなのに、今年は事件が起きました。

STORY 16

「ふざけんなよ。皆本気なのに。まじかよ」

「どうした？」

「お前たち、高3のC組の選手に誰が選ばれたか知ってるか？」

「知らない。誰だよ」

「鈴木」

「え？　あの鈴木さん？」

「ああ……」

「サッカー部の山田さんは？　一体どうしたの？　ケガでもしているのか？」

「今年は絶対、C組優勝って楽しみにしていたのにな」

「そうだよな。それにしてもなんで鈴木さんなんだ？　そもそもあの人、帰宅部だぜ」

「あの少しぽっちゃりした、いじられキャラで有名な、面白いあの人だよね」

「よくわかんねーよ。なんでも自分から立候補したそうだぞ」

「まったくなんてこった。アンカーに引き継ぐ前に圧倒的に速くしていないとビリになっちゃうな」

楽しみにしていただけにとてもショックな出来事でした。

その頃は私も、体育祭に備えてほぼ毎日、昼休みにクラスメイトと二人で300メートルトラックを走っていました。

「あの人が出るなんて最悪だよな」

「がっかりだぜ」

友達とそう話しながら走っていると、なんとさっきまで話題にしていた鈴木さんが後ろにいました。

「やべ、聞かれちゃったかな？」

思い切って鈴木さんに聞いてみました。

「ねえ鈴木さん。何でリレーの選手に立候補したんですか？」

鈴木さんは、

「ごめん、ごめん。どうしても今回は走りたかったんだ。クラスメートが我儘《わがまま》を聞いてくれて、選んでくれて。だから期待にしっかり応えたくて！」

目が輝いていました。

あれから、昼休みにはいつもトラックで見かけるようになり、早く来た朝も彼がトラックではだしで走っているのを見かけました。

「頑張っているな」とは思ったけれど、でもやっぱり、なぜ彼なのか納得はいかないし、真剣に選んでくれなかった高3C組の人たちの気持ちがわかりませんでした。

とうとう体育祭の日。種目が進み、クラス別対抗リレーの時間が来ました。

「ビリだけにはなるなよ……」

「自分のクラスは安心だ。先に差をつけておいてくれ」

スタートが切られました。

C組は2位で走り続けています。
いよいよ彼にバトンが渡されました。
しっかり受け取り走り出します。

「いけいけ、抜かされるな」
「そうだ。いいぞ。いいぞ」

そして。
なんと抜かれることなく、順位を変えることなく、そのまま2位でゴールイン。
観客は全員大盛り上がり。
はだしで走った彼は息を切らせながら、観客席にガッツポーズ。
そこには、車椅子に乗った鈴木さんの妹の姿がありました。

C組のクラスメートにあとから聞いた話では、

「妹が交通事故で車椅子生活になって、今必死にリハビリしている。やればできるんだというところを見せたいし、自分もチャレンジしたい。俺頑張るから、絶対負けないから、今回のリレーは走りたい。ダメだったら途中で替えてもらっていいから。でもチャンスが欲しい」

そういって涙ながらに話をした鈴木さんの姿に、みんなは、

「よし、じゃあ鈴木さんに今年はやってもらおう」

という気持ちになったということでした。

C組は、みんなで鈴木さんを胴上げして大盛り上がりでした。

message

人に期待される、応援されるって
本当は少ないこと。

そして人のために何かやると決めると、
自分の力以上のものが出てくるものですね。

人を応援する。自分ではなく人のために何かをする。
そうすると何か特別なご褒美《ほうび》がもらえるようですね。

STORY 17

イメージチェンジ

美容室にはいろんなお客様がいらっしゃいます。

ふらっと初めて来店くださる新規のお客様や、常連さん。

また意外と多いのが、常連さんからのご紹介で来てくださるお客様。

今日の最後のお客様も、きっかけはお姉様からのご紹介で、もう3年も通い続けてくださっている方です。


美容師の仕事は、お客様の身体に直接触れる仕事。髪や地肌に触れながら近くで施術をするので、長年やっていると、その方の気持ちが伝わってくるようになります。

急いでいる、今日は時間的に余裕があるなどだけではなく、何か嬉しいことがあったのかな、つらいことがあって元気がないのかななど、相手の心情までわかるようになってくるものです。

反対に、自分たちの気持ちもお客様に通じているのだと思っています。

心を込めてシャンプーカットしているときと、心ここにあらずの状態で施術しているときでは、指からのエネルギーが何か違うのだろうと、そう心して応対させていただいています。

そのお客様からは何か寂し気な感じが伝わってきました。

「どうかなさいましたか？」

「え？」

「いや、すみません。お仕事がお忙しかったですか？」

「ええ」

「いつもより少し元気ないかな？　って思いまして」

「あ。そうですか。わかるのですね」

「まあ。長いお付き合いですから」

「……実はね、ここを紹介してくれた姉ですがね、最近来てませんよね？」

「そう言えば、ちょっと間が空いていますね」

「そうですよね……」

沈黙が続いた後、お客様は涙ぐんで続けられました。

「実は姉は胃がんを患っていて、もう長くはなさそうです。病院から退院して、自宅で過ごしているんだけれど、一昨日、お見舞いに行ったらね、すっかり元気がなくて」

「そうでしたか。それはおつらいですね」

少し沈黙が続きました。黙々と髪を切っていると、

「そう、そうだ！　姉の髪の毛なんだけれど、病院の美容室で切ってもらっていたから、おしゃれとかじゃなくて、ただカットするだけで。

お姉さんが『一度ボブにしたかった』って言ってたの。そういう話も可哀そうだなって……」

「そういうことでしたら私ができます。もし可能でしたら、しっかり心に残るカットをさせていただきたいです」

そうとっさに言いました。

するとその方は、目を見開いて大喜びされ、

「えっ本当ですか！　自宅でも大丈夫ですか？」

ご自宅の場所を聞いてみると、2日後に行くことになっていた本社の近くにありました。

「明後日、17時でどうですか？」

「電話してみるわ」

すぐにその場で電話をして、カットすることになりました。

「すみません、なんだか、すぐに動いてくださり、ありがとうございます。本当に嬉しがっていました。

座っているのもかなりきついと思うので、申し訳ないのですが短時間でお願いします」

「はい。任せてください！」

出張で髪を切り、報酬をいただくのは当時、法律で禁止されていたので、その旨をお伝えして伺うことになりました。

翌々日のこと。

約束通り、本社でミーティングを済ませ、ご自宅に向かいました。

「お忙しいのにすみません。よく来てくださって」

妹さんが申し訳なさそうに迎えてくれました。

「お姉様はどちらにいらっしゃいますか？」

「こっちで切ってもらおうと思って」

リビングに案内されました。

テーブルを寄せた部分に新聞紙が敷かれ、真ん中にイスが置いてありました。

移動がつらそうに、ゆっくりとゆっくりとお姉さんが支えられて入って来ました。

身体はやせ細ってしまっていて、お腹の部分だけは腹水でしょうか、溜まっていてパンパンに張っています。

「ご無沙汰してます。久しぶりにお会いできて嬉しいです」

「よろしくお願いしますね」

弱々しい声で返してくれました。

「さあ、今日はどんな髪型がいいですか？　なんでも遠慮せずにおっしゃってくださいね」

「ありがとうございます。昔から、一度、ボブにしてみたくて。この頭でできますか」

「大丈夫です。任せてください。少し髪を濡らさせてもらっていいですか」

妹さんに霧吹《きりふ》きを持って来てもらって、カットを始めました。

座っているだけでつらそうなのがすぐにわかりました。

なるべく急いで、ボブに仕上げました。

鏡を持って来てもらって、

「いかがですか？」

「……」

「お似合いですね」

「姉さん、いいわ」

妹さんも喜んでくださっています。

「姉さん良かったわね。とても素敵！　イメージチェンジ似合うわね。ボブ」

「あ・り・が・と・う」

絞り出した声は小さかったけれど、とても喜んでくださって、何度も頷いていました。

お茶もご用意いただきましたが、その日はすぐに立ち去りました。

次の週になって、妹さんから再び電話が入りました。ご自宅に伺ってちょうど一週間後のことです。

「木下さん、先日はありがとうございました。

実は……姉が3日前に息を引き取りまして……。

おしゃれなボブカットで旅立ちました。本当にありがとうございました。

あれから姉も少しだけ希望をもってくれたのですが。寿命ですね。

頑張ってくれました」

そうわざわざ知らせてくれたのです。

「そうでしたか……、お力をお落としになりませんよう」

お会いしたばかりでしたから、かなりショックでした。

「姉からの伝言なんですが、『おかげで私もこの年でイメージチェンジができました。次に生まれ変わったら、このカットでお願いします』

そう伝えてと言われました」

押さえていた涙が止まりませんでした。


「美容師でよかった」

そうして私は、静かに受話器を置きました。

message

いつまでも、どんなときでも、
自分自身をチェンジできる力は素晴らしいですね。

『日々新たに』

かつて「殷《いん》の湯王《とうおう》」は毎朝顔を洗うときの器に
この言葉を刻んでいたそうです。

自分を変える力＝今までの自分を改める力。
気持ちをチェンジできている自分を褒めてあげましょう。

STORY 18

「おめでとう」が言えないお祝い

「失礼いたします。この度は当館をご利用いただき、誠にありがとうございます。本日は傘寿《さんじゅ》のお祝いと伺いました。おめでとうございます」

若女将としてご挨拶に伺ったときのことです。

当館では人生の節目にと、ご家族でご利用いただくことが多いのですが、今回のお客様は80歳、傘寿のお祝いを迎えられたおばあさまと、奥様、中学生と小学生の男の子、総勢4名でお越しになりました。

明るく、元気にお声がけすると、予想と反してなんだか気まずい雰囲気が漂っていて、「はあ」という言葉がこぼれるだけ。「ありがとうございます」の一言さえも、誰からも返って来ませんでした。

お食事もあまり進んでいないようです。床の間の端には家族写真が飾ってありました。

写真には5人と犬が一匹写っていましたが、犬を抱いているお父さんであろう方が今、ここにはいらっしゃいません。

「あら……」と心の中で思いました。

「かわいいワンちゃんですね」

まずはそこから尋ねてみました。

「はい、主人がかわいがっておりました」

重い口を開いて、やっと奥様が答えてくれました。

まだ小さい、小学校低学年の男の子も黙ったままで、沈黙が続いています。

「よろしければ記念品をお持ちいたしました。お使いいただければ幸いでございます」

と、お祝いの品をおばあさまにお渡ししました。

「おめでとうございます」を言ってはいけない雰囲気は続いています。

「お一人足りない」

そう思っていましたが、どう切り出したら良いものか考えていました。

「お食事はお楽しみいただいていますでしょうか」と伺うと、

「ええ、とても美味しいですよ」

おばあさまが応えてくださいました。そして、

「実はですね。息子がおりまして、私の80歳の祝いに絶対旅行に連れて行く、ここに泊まると約束してくれていました。

それが息子は48歳の若さでガンを患い亡くなってしまったんです。実は今日が四十九日なんです。中止にするべきか悩んだんですけれど、息子が前々から予約してくれていたことですし、息子を偲《しの》んで新たな一歩を踏み出す機会にしようと思って来たんです」

そう教えてくださいました。重い雰囲気の理由がわかりました。

「そうでございましたか。失礼をいたしました」

「いえいえ、いいんですよ。本当は息子も喜んでいるはずなのに。すみません。なんだかお気を遣わせてしまって」

そう言いながら、おばあさまと奥様は涙ぐんでいらっしゃいました。子供達は下を向いたままです。

事情を伺った私は、急いで調理場に連絡をしました。亡くなった息子さんの陰膳をこっそりとご用意するためです。そして、次のお料理をお出しするときに奥様にそっとお伝えしました。

「よろしければご主人の分をご用意いたしましたので、どうぞ、ご一緒にお召し上がりくださいませ」

「陰膳まで用意してくださり、本当にありがとうございます。今日を佳《よ》き日、けじめとして、私達家族は力を合わせ生きていきます。

ねえ。頑張りましょうね！」

子供たちもその言葉に、しっかり頷いていました。

「さようでございますね。応援させていただきます」


翌日、チェックアウトのときにご挨拶に伺うと、

「昨夜はお気遣いいただき恐れ入ります。母と子供たちと仲良く暮らしていきます。またいつか必ず家族で来ますね」

奥様がそう言って笑顔を見せてくださいました。滞在中、初めて見た晴れ晴れした笑顔でした。

message

生老病死は、人であれば避けられないこと。
そのとき、もし目の前の人が悲しんでいたり、
苦しんでいたら、
どういう言葉をかけたらいいのか。
まずは、心からその悲しみ、苦しみを
共感するだけでいいのではないでしょうか？
気の利《き》いた言葉はいりません。
細部にこだわり、想像力を働かせ、
相手の心を察知して行動することこそ、
人間を人間たらしめるでしょう。

STORY 19

お友達の象さん

娘は小学校1年生のときに白血病で、半年間、病院に入院していました。

点滴続きで、思うように動けず、病室から窓の外をいつも眺めていました。

「早くドッジボールがしたい。

早くかけっこがしたい。

校庭の鉄棒で前回りがしたい」

4カ月だけ通った小学校の想い出は、校庭で遊んでいることばかり。

一日の大半をベッドで過ごす日々、外を見るのが唯一の楽しみでした。

この窓からはちょうど病院の門と商店街に続く道路、そしてその先の商店街のお店が何軒か見えます。

楽しそうな買い物客が行き交う様子が見えます。

「いいな。みんな、外に出られて。私も早く退院してお買い物してみたい」

いつもそう言っていました。


その商店街の中で娘が特に気にいっているお店がありました。

それは薬局です。なぜならその薬局の前に置かれている象さんが娘のお気に入りだったからです。

オレンジ色をしていて目がくりくり、ちょうどこちらを向いているので友達の様に思っていたのでしょう。

象さんの顔は娘がわざわざ起き上がらなくても、横になっている所からでもよく見えました。

「あの象さん、かわいいよね」

娘はいつもそう言っていました。

私と小学校5年生になる長女は毎日お見舞いに行きましたが、友達は小学校低学年ですのでほとんど来てくれません。

娘は友達がいないので、悲しく思って泣いているときもありました。

ですので私は、

「あそこの象さん、お友達だね。いつも緑ちゃんを見てくれているわよ。象さんとお話ししてごらん。きっと象さんの声も聞こえるから」

私は、元気のない娘を少しでも励まそうと、そう言いました。

すると娘は、素直に受け取ってくれて、毎日象さんと話を始めたのです。

毎週木曜日は薬局がお休みなので、象さんはお店の外に置かれません。

店主であろうおじさんが、いつも朝9時ごろ表に出すと、娘は、

「おはよう。今日もいい天気だね」

「おはよう。点滴頑張るね」


私が「何話しているの？」と聞くと一つ一つ教えてくれました。

我慢強い娘でしたが、点滴続きで腕は紫色になってしまっていました。

担当の先生も優しい方で、

「おはよう。緑ちゃん、今日は、痛みはないかな？　ごめんね。今日は注射をする日なんだ。ちょっとだけチクッとするけど、頑張ろうね」

先生は申し訳なさそうに娘にそう言いました。そして続けて、

「緑ちゃん、今日はね、お友達が緑ちゃんを応援に来たんだ。見てみて」

注射器が痛いので首を横にして反対側を見ていた娘が、先生の方を向きました。


「はい。こんにちは」


先生はあのオレンジ色の象さんの指人形を人差し指にはめて、指を何度も動かして声をかけてくれました。

看護師さんから会話のことを聴いたのでしょう。

「緑ちゃん、僕と一緒に頑張ろうね」

指を動かしながら娘に声をかけてくれました。

「え？　象さんだ。なんで……？」

娘の嬉しそうな顔を久しぶりに見ました。

「さあ、象さんと一緒に頑張ろうね」

「うん！」

娘はずっと象さんを見ていて痛みを感じていないようでした。

「わあ。近くで見るともっとかわいいね」

娘はとても喜んでいました。

「ありがとう。先生、看護師さん。私も一緒に頑張ります」

私たちの話を黙って聴いて、機転を利かせてくれた看護師さんのおかげで、どれだけ娘が元気をもらえたか。

もっと元気になって退院できる日を信じて頑張ります。

message

人が強くなれるきっかけは何でしょうか。

それは大げさなことでなくて、
きっと些細《ささい》なことだと思います。

話ができる存在。話を聞いてくれる存在。

それだけでも心を強くすることができるものです。

いてくれてありがとう。

そういう存在でありたいですね。

STORY 20

監督の言葉

高校3年生の部活でのことです。

中学校のときは山岳部でした。少年野球の経験もなかったのですが、高校からは野球部に入部しました。

うちの高校は硬式と軟式、それぞれの野球部があり、硬式野球部は甲子園でも活躍する名門校。

軟式野球部も関東大会で優勝するなど、かなりレベルの高い、ハードな部活の一つでした。

朝練、放課後の練習、土日の試合……。片道2時間近くかけて通学している自分にとっては、想像はしていたものの、決して楽なスタートではなく、到底レギュラーにはなれそうにありません。

体重も90キロ近くあり、太っていたので足も遅いし、投げる球も遅いし、打つのもダメ。

練習についていくのがやっとの日々でした。

1年目は後輩がいないからまだいいものの、2年、3年になると中学校で活躍してきた後輩たちが入って来て、試合での活躍の場はますます遠のいていきました。

そのとき考えたのは、

「自分がチームに貢献できることは何だろうか」

「何ならみんなのためになるんだろう。存在する価値は？」

本当にいろいろ考えました。そこであることに気がついたのです。


「そうだ。声出しだ」


声の大きさには自信がありました。カラオケに行ってもマイクなしでも歌えるほどだし、マイクを使えば一緒に歌っている人の声を消してしまうほどの声量がありました。

そこで、練習時の声出しはもちろんのこと、試合で勝っているときも、負けているときも精一杯の声で応援をすることに決めたのです。

後輩が試合に出て緊張しているときも、ピッチャーが弱気なときも、自分の声で、

「大丈夫、大丈夫」

「勝てる、勝てる」

「気張っていこうぜ」

レギュラーではないので、自分が公式戦に出ることは一度もありませんでした。


ある夏の練習試合、スターティングメンバーがケガで出られなくなり、試合の流れのチャンスが来ているときになんと自分の名前が呼ばれ、代打に出してもらったときのこと。

みんなが自分を応援してくれている。

しかし、結果はピッチャーゴロでゲッツー。併殺打になり、2アウトをとら

れ、その回を終わらせてしまいました。

ベンチに帰ってくる途中、悔しくて涙が溢れました。他のメンバーは、

「あいつ泣いているぜ。たかが練習試合なのに……」

と薄笑いをしていました。

監督の期待、みんなの期待に応えることができなかった自分が悔しかった。

自分が声だけの貢献しかできない不甲斐《ふがい》なさが情けなかった。

しかし監督は、

「お前の試合に対する姿勢、気合入っていてよかったぞ。心に残ったぞ」

そう声をかけてくれました。

その後社会人になり、毎年チームメートの面々とお酒を飲むと、毎回この話が話題に出ます。

「佐藤の声はデカかったよな〜」「あのとき代打で出たよな〜」「でもあのとき泣いてたよな〜」とゲラゲラ笑い、みんななつかしさで涙を流す……。

そんな思い出話に花が咲きます。

message

人の記憶に残ること。

人の寿命には二つあるといいます。
一つは肉体的な、生まれてから、死ぬまでの年月。
もう一つは、その人のことを誰かが覚えていてくれる、
記憶の年月。
人の心に思い出をどれだけつくれるか。
それはかっこいいことばかりではないのですね。

STORY 21

後ろ姿

私が働いているドラッグストアの化粧品売り場でのことです。

近所にお住まいで、5年越しで通ってくださっているおばあさんがいました。

半年に1回、化粧水と乳液を1本ずつお求めくださる大切なお客様です。

彼女は70歳を過ぎても、しわが少なく、血色のいい肌が自慢でした。


数年前から、おばあさんがお店にいらっしゃると、おしゃべりをしながら顔と手のマッサージをして差し上げるようになりました。

すると、

「あ〜、気持ちいいわ。この時間が私の最高の楽しみ。命の洗濯ができたわ」

と、満面の笑みを見せてくれるのです。

美容部員にとって、お客様のお顔に触れることは、心に触れること。

マッサージは肌をきれいにするだけでなく、身体と心を癒す行為です。

指先に真心を込めてするマッサージは、心と心を重ね合わせることができるのです。

マッサージの後にメークアップをして差し上げると、

「昔は毎日お化粧していたのよ。女性がきれいになると周りの男性まで元気になるからね。私から主人への何よりのプレゼントだわ。本当にありがとう」

そう言って喜んでくださっていました。

帰りは決まって、足が悪いおばあさんを心配して、おじいさんが迎えに来ていました。

それから半年が過ぎ、そろそろおばあさんがいらっしゃる頃ではとお待ちしていたのですが、その月はお店に顔を見せませんでした。

次の月になっても、さらに2カ月経っても、お顔を見ることができませんでした。

「どうなさったのだろう？」

思い切ってご自宅にお電話をかけてみると、おじいさんが出ました。

そして、「おばあさんは3カ月前に亡くなった」という悲しい知らせをうけたのです。

おばあさんのことは、離れて暮らす祖母のように思っていたので、もうお会いできないのだという思いで、悲しみにくれていました。

それまでは、こちらがおもてなしをしていると思っていたのですが、本当はおばあさんに勇気づけられたり、元気をもらっていたのだと気づきました。

いつの日か、おばあさんとのおしゃべりは私の楽しみにもなっていたのです。


するとその日の夕方近く、なんとあのおじいさんがお店にいらしたのです。

「先ほどは、お電話で失礼しました。存じませんで、大変失礼いたしました。お寂しくなりますね……」

そう声をかけると、ニコニコした表情で、

「ばあさんはあとどのくらいで終わるかな？

今日もべっぴんさんになるかい？」


予想もしない、以前と同じような不思議な答えが返ってきました。

（あら、どうなさったのでしょう？　さっき電話で聞いたばかりなのに……）

そう思いましたが、じっと笑顔でお店の中をのぞき込んで待っているおじいさんに、

「ちょっと待ってください」

と言ってお店の中に入るふりをして、おじいさんの様子をうかがいました。

（悲しみのあまり混乱しているのかしら……）

そう思いお店の外に出ていき、こちらもおじいさんに合わせて、

「お待たせして申し訳ありません。もう少し時間がかかるかな。今、口紅つけていますからね。今日もとてもおきれいですよ」

と、返しました。すると、

「そうかい、そうかい。それはよかった」

またニコニコ顔になって、帰ってしまわれたのです。


1週間後、おじいさんは、またお店に現れました。同じように、

「ばあさんはあとどれくらい？」

「そうかい、そうかい。それはよかった」

そう言って、ニコニコ顔になって一人で帰っていくのです。

それから1年間、決まりごとのように毎週おじいさんの訪問は続きました。

私はそのたびに、

「今日は、夏らしく少し青味の強いアイシャドーをつけてみましたから素敵ですよ」

「今日はオレンジの口紅をつけてみましたよ。今年の新色がとてもお似合いで

す」と、さり気なくメークについてお伝えしていました。

おじいさんはいつも目を細め、満足気な楽しい顔をして、「そうかい、そうかい。それはよかった」と言って帰っていきました。

「これでいいのかな？　これでいいんだ……」

私はそう思っておじいさんとの会話を続けました。


あるとき、いつもと同じようにおじいさんがやってきました。

手には大事そうに何かを握りしめています。

「もう少しですよ。今日のメークは……」

そうお伝えしようとすると、

「○○さん、ありがとう。今日はお別れに来たんだ。

この写真、覚えているかい？

ばあさんがあんたに初めて化粧をしてもらって、写真を撮ってもらったときのものだよ。

ばあさん、このメークとても気に入ってね。家でも大事に、大事に飾っていました。わしもこの写真が好きでねー」

それは久しぶりにメークしたおばあさんが、少し恥ずかしそうにしながらもニコニコ顔で微笑《ほほえ》んでいる写真でした。

「もう5年以上前の写真なのに、こんなに大事にしていてくれていたんだ」と思うと、胸が熱くなりました。

「うちの主人がね、いつも、『べっぴんさんになったね』ってほめてくれるのよ」

そう言って、嬉しそうにお話しくださるおばあさんが想い出され、感謝の言葉よりも涙が流れるばかりでした。

おじいさんは続けて言いました。

「実は、明日、この町を離れることになってね。息子夫婦が一人暮らしの私を心配してくれて、一緒に住もうと言うものですから。

今日はあなたにお別れを言いに来たんですよ。ばあさんだけでなく、私の我儘にも長いこと付き合ってくれて、本当に感謝してます。

呆《ぼ》けたふりをしていてごめんね。このお店から帰ってくるばあさんの笑顔がほんとにいい顔してたんだ……」

おさえていた涙が止めどもなく流れました。

「おばあさんが亡くなって、呆けてしまったのだ」とばかり思って、少しでもお役に立てたらと続けてきたお芝居。

実は、おじいさんはわかっていたんです。

「あなたが妻をきれいにしてくださったこの写真。いつまでも私の宝物ですよ」

そう言って深くお辞儀をなさるニコニコ顔のおじいさんの目から、涙が流れ落ちていました。

「こちらこそ、ありがとうございました」

そう言うのが精一杯でした。

お二人の後ろ姿を見送るのが大好きだったことを想い出しました。

おじいさんを見送ろうとお店の外に出ると、そこには、おじいさんだけでなく、お互い気遣いながら寄り添って帰る二人の後ろ姿が、私にはたしかに見えました。

message

わかっていても言わなくていい言葉がある。
知っていても知らないふりをしたほうがいいことがある。
それは人の美しさでもあると思います。
人のことを想うがこその引き算の思いやり。
そういう味わいのある生き方。
心に残ります。

STORY 22

シャンパンで乾杯

私は外科医をしています。

だいぶ前の話になりますが、肝臓がんを患って、手術をしたものの転移を繰り返し、末期の症状の患者さんがいました。

その方は森さんというお名前で、59歳。長年、メーカーに勤務し、技術部門で活躍していた男性でした。

入院生活も2年以上に及び、口数は少ないものの、病気のことだけでなく少しずつプライベートなことまでいろいろな話をするようになりました。

最近では痛みが激しく、

「もういいですから。楽にしてください。治らないなら生きていても仕方ないです」

と自暴自棄になるときもありました。

口から直接食べ物を摂取できないので、身体は日に日にやせ細っていきました。

そんなある日、いつものように病室で診療をしていると、一人娘さんが結婚することを聞かされました。

「おめでとうございます！　それは嬉しいですね」

最初は笑みを浮かべて頷いていた森さんですが、急に真剣な面持《おもも》ちになって、少し沈黙が続いた後、

「先生、お願いがあるんです！」

弱々しい声ですが、決意を感じる声で話し始めました。

「3週間後の日曜日、無理ですかね？

無理かな？　って諦《あきら》めていたんですけど、でも諦められない。

どうしても、一目でいいからあの子の花嫁姿が見たい。

先生、なんとか少しだけでも外出できませんか」

病状から考えても、決して安易に、

「はい。いいですよ。外出を許可しますよ」

と言える状況ではありません。

(今の体力で外出するとしたら、ストレッチャーに乗って横になったまま会場に行っていただくしかない。

まして日曜日だし、職員はいないし、無理だろう)

そうとっさに考えました。

「花嫁姿で病院に来てくれるって、娘がそう言ってくれたんですが、病院に連れてくるわけにいかないですしね。

式場に行って、一目でいいから二人の姿を見て、『おめでとう。幸せになるんだぞ!』と言ってやりたいです。

一人娘ですから、ずっとそうしたいと思ってきました。

無理ですかね? 先生」

「……少し時間をください。明日お返事します」

（どうしたら良いだろうか？
一生に一度のことだし、願いは叶えてあげたい。
でも病状が悪化してしまうことは間違いない。
日曜日だし、一体誰がどのように連れていくかな。
でもなんとしてでも叶えてあげたい）
複雑な思いが交錯する中で、決心がつきました。

翌日、病室に行き、

「森さん、昨日の話ですが、私と一緒に行きましょう。これから正式に許可をとりますので待ってくださいね。

ストレッチャーでの移動になりますが、頑張れますね」

「先生、ありがとうございます。希望が出てきました。私、頑張ります！」

お見舞いに来ていた奥様も、涙ぐんでとても嬉しそうです。

「さあ、これからの体調次第ですよ。気力で頑張りましょう」

不思議なことに、その後の3週間は安定した日々が続きました。

いよいよ、当日が来ました。会場では参列者の動揺も考え、別室に控えて待っていました。

そこに新郎新婦が支度を整えて挨拶に来ました。

実は娘さんにはお父さんのことは内緒にしていたのです。

娘さんの目から感激で喜びの涙が溢れました。


「美知子、おめでとう。幸せになれよ!」


今までの弱々しい声ではなく、しっかりとした口調で、森さんはお祝いの言葉が言えました。

「父さん、ありがとう、来てくれてありがとう。

私、幸せになります」

STORY 22

二人は手を取り合って、披露宴会場に向かいました。

料理を食べることは当然無理ですが、係の配慮で本日の献立が知らされました。

私は、せめて乾杯だけでもと思って、係の人にお願いしました。

森さんはシャンパンが好きだったので、大好きなシャンパンを一口だけ、口に含んでもらうことにしました。

お祝いの乾杯に。


「乾杯！　おめでとう」

「あ〜おいしい」

ゆっくり目を閉じて、ブイサインをして、何度もゆっくり頷きながら余韻《よいん》を楽しんでいるようでした。

慣れない移動でかなりお疲れになり、顔色が優《すぐ》れなかったので、その後はすぐに病院に戻ることにしました。

車の中で何度も何度も、

「先生、ありがとうございます。本当に、本当にありがとう」

と、笑顔で言われました。

それは今までに見たことのない森さんの最高の笑顔でした。

「よかった、よかった」


そして翌日、月曜日の朝、森さんは旅立ちました。

とても穏やかな表情で。

私はやっぱり移動が身体を弱らせてしまったのだなと思い、医師としてとてても残念に思いました。

しかし森さんの願いは成し遂げられた。

「先生、本当にありがとうございました。主人も喜んでいると思います。感謝いたします」

と、奥様もお嬢さんも深々と頭を下げてくれた。
人として、これでよかったのだと思いました。

message

何がいいのか？　悪いのか？
それは人が判断できることではないのかもしれません。
そうなったら、そのとき自分ならどうするのか？
もしかしたら、あのときの自分の判断、行動は
間違いだったかな？　と思うことも人生いくつか
出てくることでしょう。
でもそれを悩みながら「した」、「しなかった」自分がいる。
そのときはそれがいいと思ってそうした。
それでいいのではないでしょうか？
そういったときの連続が、その人の人生を創り上げる
のではないでしょうか？

STORY 23

おきあがりこぼし

大学受験のときのこと。

2日間のセンター試験が終わって、新聞で答え合わせをしていました。

当時の私には公立の大学でどうしても行きたいところがありました。

この大学は一次試験合格ラインの点数が高く、小さなミスも許されません。

だから十分対策を練ってやってきました。手ごたえは上々。

問題は持って帰れるので、解答に印をつけていました。自分が何点取れたのか、答えあわせをするのが楽しみでした。

得意な数学から採点を始め、これは安心点。

次に英語。

(最後の長文読解文の問いが……8個ある?

たしか俺が解いたのは7個だったはず……)

「え〜〜。何で〜〜。どうなっているんだ!」

頭が真っ白になりました。

実は、問題文の一番下に【問一】があったのを見落としていたのです。注釈のようにしか見えませんでした。次のページの2問目を1問目と勘違いして、そのままマークシートに答えを塗りつぶしていったのです。

「終わりだ……2問目からの解答はすべて正解だ。でも一つずれている」

やってはいけない初歩的なミスを犯してしまいました。

長文の配点は大きく、ここで60点も落とすことになりました。

「俺、何やっているんだ。バカじゃないか！」

「取り返しつかないぞ。合格ライン以下では、二次試験は受けられない」

「5分は余ったはずなのに、なぜ見落としたんだろう。何度も見たはずだ」

混乱している中、リビングから母親の声が聞こえました。

「どうだったの？　大丈夫？」

答えられませんでした。家族は、気を遣ってか部屋には入って来ません。

「終わった」

思わずポロポロ涙が出てきました。

私は家族を落胆させたくなかったのです。

自分の愚かさにますます泣けてきました。驚いたことに、抑えてはいましたが、子供のように声を出して泣いてしまったのです。

母が驚いて部屋に入ってきました。

「どうしたの？　大丈夫？　上手くいかなかったの？」

事情を話し、

「自分は何のためにやってきたのだろう。報われないことがこんなに悔しいとは……」

母はしばらく黙って私を見つめた後、

「大丈夫。あなたが頑張ったことは私もよくわかっているし、あなた自身がそれを一番わかっているはず。

自分の夢や目標に向かって、毎日毎日一生懸命に頑張る姿。それは試験に受かることや成功することよりも、よっぽど大切なことだと思うんだけどな～」

それは慰《なぐさ》めではなく、母の本心からの確かな言葉だったように思えました。

母は少し部屋を離れて戻ってくると、机の上にポンと親指程の小さなおきあがりこぼしを置きました。

「見てみなさい。転んでもすぐに起きるでしょ？　起き上がればいいの。私なんていつもそうよ。だからこんなに太っちゃったのかしら？　アハハハハハ！」

結局その年の試験には落ちてしまいましたが、私にはこの母の言葉が今の自分の生き方の軸になっているように感じます。

あの「アハハハハ！」という笑い声を思い出すだけで「どうってことない」、そう思える自分がいます。

message

「七転び八起き」

結果がすべてという風潮がありますが
それはあまりにも寂しく、むなしい。
プロセスを楽しむことこそ
人生なのではないでしょうか。
何かに向かって夢をみながら努力する。
たとえそれが結果として叶わなくても、
その夢を見ながら懸命に生きている瞬間は、
その輝きだけで、十分その努力が
報われているのだと思います。
さあ、また起き上がろう！

STORY 24

後悔

横浜のシーサイドを走るモノレールでのこと。

たまたま利用した電車で、今でも後悔していることがあります。

そこは始発駅でした。折り返し運転になるので、乗客が降りたところに次の乗客が乗り込みます。

乗降客が少ないお昼どき。

出発まであまり時間がないにもかかわらず、私が乗り込んだ車両には誰も乗っていませんでした。

座席に座り、スマホを手にして目的地までの時間を調べているとき、ふと斜め前の座席を見ると長財布が置かれていることに気がつきました。

「あ、忘れ物。届けてあげなきゃ」

とっさにそう思いました。

きょろきょろとしましたが車掌さんらしき人が見当たりません。運転手さんはいるはずですが、かなりの距離があります。

改札に戻って渡したとしても、この電車に乗れなかったら遅刻してしまう。

「どうしよう」

派手なブランド物の長財布、手に取るのも少し怖かったのです。

「誰かが見つけてくれるよね」

勝手にそう思い躊躇していました。


そのとき――。

一人で乗り込んだ女性がお財布の上に座り、あっという間になんと自分のバッグに入れてしまったのです。

(え？　まずいでしょう？)

彼女の身なりは貧相で、秋口なのにサンダルを履いていました。

すると、駅員さんと一緒に、20代であろう遊び人風の派手な男性が車両に乗り込んできました。

「あれ、おかしいな～、この辺に座っていたはずなのにないな。電車に乗るときに使ったから電車で落としたのは間違いないよ」

ぶっきらぼうな物言い。怖い顔で社内を鋭く見回しています。

女性は今まで以上にしっかりと自分のバッグを握っていました。

「すみません。これ以上遅らせられませんのでよろしいでしょうか？」

駅員さんがそう言うと、男性は後ろ髪を引かれながらも、首を横に振りながら降りていきました。


「こちらの方が拾ってくださっていましたよ」

探しにきた二人にそう声をかけたらよかったのでしょうか。

「お財布落ちていましたよね。届けてくださるんですよね。ありがとうございます」

女性にそう言えばよかったのでしょうか。

そもそも私が駅員さんに届けていたら何事もありませんでした。

年老いた女性に盗みをさせることもありませんでした。

男性の手元に財布は返りました。

でもう取り返しがつかない……。

女性はその後もしっかりとバッグを握りしめ、何事もなかったように次の駅で降りて行ってしまいました。

何もできない。いやいや何もしない。

無責任な自分がただただ悔《く》やまれました。

何かできなかったかな？

次に同じことがあったら、どうできるかな？

それからいつも考えて、今でも妄想しています。

message

「妄想するなかれ」
妄想などせずに、今やるべきことを成しなさい、
という意味の禅語です。
人のエゴが見えたとき。
自分はどうしたらいいでしょうか？
そこに巻き込まれないように遮断してしまう。
そこを変えられるように何か行動してみる。
自分だったらどうするか？
でも日常にある自分の心の揺らぎを注視し、
次のチャンスに備える、というのは悪いことではなく、
とても人間らしく
美しい行為だと私は思います。

STORY 25

良いお年を

私には大好きな、学生時代の男性の恩師がいます。

その先生の何が好きかというと、いつも駄目な私を褒めてくれるのです。

毎年1度会いに行くと、私の今年あった出来事を聞きながら、

「へー。そうなの。すごいねー」

「そんなことやっているの。さすがだねー」

といった言葉をかけてくれて、とっても嬉しそうに話を聞いてくれます。

大した話でもないのに、すごく興味ありげに聴いてくださるので、私も嬉しくなって、毎年お伺いする前に、「今年は何を話そうかな?」と考えることが習慣になっています。


あるとき、先生が別れ際にいつも同じ言葉を言っていることに気づきました。

「良いお年を!」

毎年、11月にお伺いしていましたが、今年は少し早めの9月にお会いしたので、ちょっと早すぎる年末のご挨拶に違和感を覚えました。

そういえばいつも「良いお年を！」です。

「先生、なんでいつも『良いお年を！』でお別れなんですか？

1年に1回しか来ないから、先取りなんですか？」

と笑いながら聞いてみると、先生は、

「おー。良いことに気づいたね。さすがだね〜。

私は、いつもお別れするときはどんな人にも、どんなときでも、『良いお年を！』なんです。

『良いお年を！』と言うと、何だかその人とのお別れが名残惜《なごり》しくて、『良い人生を過ごしてください！』といった祈りのようなものが、自分の心の中に芽生えるんです。

だからずっと、『良いお年を！』という言葉でお別れするようになっちゃいました」

「それ良いですね！　私もまねさせていただきます！　では、先生。良いお年を！」

「良いお年を！」


あれから数年後、先生は天国へ旅立たれました。

先生直伝の「良いお年を！」は、私のお別れの言葉として今でもちゃっかり使わせていただいています。

ちょっと変だな？　という顔をされることも多いのですが、何でと聞かれると、いつも先生のエピソードをお話ししています。

きっと先生も喜んでいるに違いない、と想いながら。

message

人の幸せを祈る。

それはとても美しい心だと思います。

私たちはどれだけ人の幸せを祈っているでしょうか？

妬《ねた》み、嫉《そね》み、やっかみが出てきたら、
身近な人、出会った人、電車で前に座っている人の
幸せを祈ってみましょう。

「良いお年を！」という心と共に。

STORY 26

自信

私の友人のIさんが、しばらく音信不通になりました。

いつも頑張っていて一所懸命だったIさん。

きっとどこかで活躍しているのだろうな。もしかしたら海外なのかな?

そんなことを思っていました。


6年ぶりに姿を現したIさんは、良い意味で見違えるほど違う表情になっていました。

以前は頑張りが表情に出て、隙をつくらない、でもどこか寂しそうな、そんな女性でした。

その6年間に何をしていたの? どんなことがあったの?

聞いてみると、

「実は、原因不明の病気になり、動けなくなって、一年ほど仕事もできず、ただただ落ち込んでしまいました。今でも何の病気かわかりません。

そうしているうちにある男性と出会い、結婚することになりました。

その男性の田舎で暮らすことになり、環境も変わったので幾分か元気にはなりました。

ただ、そうして自分と向き合う時間ができてくると、自分らしく生きている気がしなくって、何だか自分から逃げているような気持ちが湧いてきて。

やっぱり東京に帰ろう！　ということで決心して帰ってきました。

旦那さんは、そんな身勝手な私にちょっとついていけないということで離れ離れ。結局別れてしまったんです」

「そうだったんだ。大変だったね〜」

そう私が言うと、

「でもあのことがあって、私、変わったんです。

電気のスイッチがパチっと入ったように、変わったんです。

今までは、親や周囲の期待に応えること、次の順当な幸せのステップはこうだよね、という道に進むことが私の人生の成功なんだ、そうずっと思っていたの。それを続けること、そういう積み重ねが私の自信なんだって、ずっと思っていた。

でもね、あのスイッチが入ったときに思ったの。

本当の自信って、自己信頼なんじゃないかって。

今までどうしてきた、こうやってきた。

そういうのもいいんだけど、私はそうではなく、いつでもどこでも、自分として、自分を生きていける。

生きている。いつでも何度でも生き方を変えることができる。

でも絶対絶対、楽しい気分になることができる。

そういう本来の自分の運命や命を信頼すること、信頼できることが自己信頼で、本当の自信なんだって」

彼女は、ふっと一息ついてまた続けました。

「そうしたら霧がスーッと晴れていくように、私の視界も開けたんです。今まで見えていなかったものが見えだしてきて。

こんなに面白い景色が今まで私の前にあったのに、見えていなかったな〜って」


人の期待に応えようと正解を求めて生きるのをやめて、人と比較したり、競争することから離れてみる。

リセットして、いつもフレッシュな自分でいられることで、そうできる自分が好きになって、力の抜けた本当の自信になったのだと、素敵な笑顔を私に向けて教えてくれました。

message

自分のエゴを消していく。

自分の人生の前後を裁断できる。

連続することではなく、不連続が面白い。

周囲から見たらダメかもしれない自分を
愛して、そのままで勝負して生きていく。

自分が、自分で、自分する。

そういう生き方は本当に強いですよね。

おわりに

自分磨きをする最善の方法は、人を磨くこと。

人は人を磨くことでしか磨かれない。

何かしら自分の心が清々しく感じられる瞬間というのは、そのようなときなのではないでしょうか？


人は他人に喜んでもらうと嬉しい生き物。

人だけが、その至福の喜びを手に入れられる生き物なのではないでしょうか？

今ここにいる世界をどれだけ楽しくできるか？

それを自分の生き方次第で如何様《いかよう》にでも変えることができる。

そういった特権を与えてもらっているのが私たちだけだと思うと、その特権を使ってみないと勿体《もったい》ないですよね。

マザー・テレサが語ったあの有名な言葉。

「愛の反対は憎しみではなく無関心」。

ということは、「関心を持つ」＝「愛」であるということなのではないでしょうか？

そうなのです。他人に関心を持つということは、「愛」なのです。

①自分自身の視野を広く持つこと。まずは他人をしっかり見ること。

②見えているもの、聞こえてくることを感じること。

③そしてその奥までを深く見て、味わうこと。

④そのためには静かに「想像すること」がとても大切なのです。

⑤他人のことを自分事として考えることができ、

⑥関心を持って、感じたことを思い切って行動に移していけること。

それだけで私たちの心は、「豊か」になっていくのではないでしょうか？

私たちは知らず知らずのうちに、自分のことばかりを中心に考えてしまうものです。

皆さんは一日のうちのどれだけの時間を自分以外の他人のことに使っているでしょうか？

愛を持って考えて、想っているでしょうか？

そしてどれだけその人の幸せを祈っているでしょうか？

自分の心の温度を上げるには、
自分のことを考えるのではなく、
他人のことを考えることが大切ということなのですね。
人の優しさを感じることができるということは、
自分自身の心の中に「そもそもの優しさ」を持っているから。
そこに響く（共鳴する）からなのだと思います。

皆さんも周囲の方たちに関心を持って、ぜひ「おせっかい」を実践してください。

そうして、皆さんの周囲が蠟燭《ろうそく》の灯のように、愛で明るくなることを願っています。そして、この世界が少しでも明るく元気になることを心よりお祈りしています。

そして私自身も、人間の愛というものを、私自身の生涯の実践を通して後世にお伝えしていく。

そこに命を懸ける楽しみを持ちながら、皆さんと一緒に楽しんで生きて参ります。

ありがとうございました。

三枝理枝子

著者紹介

三枝理枝子（さえぐさ　りえこ）

パッションジャパン株式会社COO。CS（顧客満足）コンサルタント。青山学院大学文学部英米文学科卒業。全日本空輸株式会社（ANA）にCAとして入社。VIPフライトの乗務ほか、新入客室乗務員訓練インストラクター等幅広く活躍後、ANAラーニング株式会社の人気講師として様々な企業への実践研修を実施。

現在は、接点強化（顧問や上司・部下間）のスペシャリスト、企業の業績を仕組みで向上させる「CSコンサルタント」としてサービス業のみならず、様々な企業の組織変革を支援。【CS向上】【マネジメント力強化】【営業力強化】を軸に、本物のサービスや新世代のマネジメント手法・営業スタイルを組織にインストールし、成果を上げ続けている。

主な著書に、シリーズ累計16万部超の『空の上で本当にあった心温まる物語』（あさ出版）、『「ありがとう」と言われる会社の心動かす物語』（日本経済新聞出版社）などがある。


本書は、書き下ろし作品です。

本文デザイン——根本佐知子（梔図案室）
イラスト————山口夕希子

PHP文庫　心が3℃温まる本当にあった物語

2017年9月15日　第1版第1刷

著　者　三枝理枝子
発行者　後藤淳一
発行所　株式会社ＰＨＰ研究所
東京本部　〒135-8137 江東区豊洲5-6-52
文庫出版部　☎03-3520-9617（編集）
普及一部　☎03-3520-9630（販売）
京都本部　〒601-8411 京都市南区西九条北ノ内町11
PHP INTERFACE　http://www.php.co.jp/
組　版　有限会社エヴリ・シンク
印刷所
製本所　図書印刷株式会社

ISBN978-4-569-76762-8